MONICA GIOVINE

ATTRARRE IL VERO AMORE

Come Incontrare la Persona Giusta e Costruire una Relazione Solida

Titolo

"ATTRARRE IL VERO AMORE"

Autore

Monica Giovine

Editore

Bruno Editore

Sito internet

http://www.brunoeditore.it

Tutti i diritti sono riservati a norma di legge. Nessuna parte di questo libro può essere riprodotta con alcun mezzo senza l'autorizzazione scritta dell'Autore e dell'Editore. È espressamente vietato trasmettere ad altri il presente libro, né in formato cartaceo né elettronico, né per denaro né a titolo gratuito. Le strategie riportate in questo libro sono frutto di anni di studi e specializzazioni, quindi non è garantito il raggiungimento dei medesimi risultati di crescita personale o professionale. Il lettore si assume piena responsabilità delle proprie scelte, consapevole dei rischi connessi a qualsiasi forma di esercizio. Il libro ha esclusivamente scopo formativo.

Sommario

Introduzione   pag. 5

Giorno 1: Come comprendere la propria matrice   pag. 10

Giorno 2: Come comprendere gli specchi interiori   pag. 45

Giorno 3: Come cambiare gli schemi comporta-mentali   pag. 63

Giorno 4: Come aprirsi all'amore vero e desiderato   pag. 85

Giorno 5: Come aprirsi alla nuova visione dell'amore   pag. 102

Giorno 6: Come amare se stessi per amare l'altro   pag. 121

Giorno 7: Come prepararsi a incontrare il vero amore   pag. 142

Conclusione   pag. 162

Introduzione

Attrarre il Vero Amore è un percorso di auto-esplorazione che ti aiuta a identificare quali sono i blocchi interiori inconsci, mentali ed emotivi che impediscono la realizzazione della relazione affettiva che desideri: serena, passionale, appagante, all'insegna dell'amore reciproco. Durante il percorso che effettueremo insieme, della durata di una settimana, potrai trasformare quello che è il tuo "magnete" del cuore. Potrai comprendere quali sono i tuoi freni inconsapevoli e lasciarli andare per dirigerti verso la relazione d'amore desiderata.

Si rivela fondamentale riconoscere, e quindi diventarne consapevoli, tutte quelle programmazioni interiori che sono avvenute in te durante la tua infanzia. Soprattutto per quanto riguarda l'area delle relazioni affettive è più che mai necessario diventare consapevole di ciò che sono state le tue emozioni quando eri bambino o bambina, e in quale modalità hai imparato cos'è l'amore. Nei tuoi primi anni di vita prendeva forma nella tua mente il significato che davi all'amore e si creava giorno dopo giorno il tuo imprinting emozionale e affettivo.

Lo scavo e quindi la "consapevolezza" di ciò che sono state le tue programmazioni inconsce ora diventa necessario per comprendere perché in passato ti è forse successo di incontrare delle persone che ritenevi sbagliate per te, o che pensi ti abbiano deluso. Attraverso questo percorso che svolgeremo insieme potrai comprendere perché le tue relazioni a un certo punto sono finite, e perché avvengono degli episodi che talvolta si sono ripetuti, magari anche con partner diversi.

Il nostro percorso di sette giorni è come un viaggio. Insieme inizieremo cercando di capire cosa potrebbe bloccare lo sviluppo dell'amore e quindi cercheremo di comprendere quali sono i tuoi schemi mentali inconsci, le tue credenze che si sono create fin da quando eri bambino/a in quella che chiamiamo la matrice interiore.

Inizieremo il percorso che ti porterà a comprendere e modificare i vecchi schemi mentali, imparando a diventare consapevole che ogni persona vive la realtà con modalità del tutto personali. Impareremo a comprendere che ogni persona ha le proprie credenze personali. Attraverso questa esplorazione potrai diventare consapevole di quali sono le tue credenze riguardo a te stesso/a, all'altro/a, agli uomini, alle donne.

Durante il nostro viaggio potrai imparare a ristrutturare la tua matrice interiore. Questo è un passo fondamentale per cambiare la tua storia affettiva. Potrai apprendere come proteggere i tuoi sentimenti e i tuoi desideri in relazione alla persona che maggiormente ti attrae, dalle interferenze esterne, famigliari e degli amici.

Potrai scoprire che l'altro è uno specchio delle tue aspettative interiori anche se forse non ne sei del tutto consapevole. Potrai conoscere quali sono gli schemi mentali non utili nella comunicazione del rapporto di coppia: quando vengono usate le generalizzazioni, le presupposizioni, le distorsioni, le cancellazioni.

Superata la parte rivolta al passato, ci dedicheremo a costruire una nuova visione dell'amore e del meritare l'amore, attraverso la trasformazione e la riscoperta. Potrai imparare ad avere una visione più ampia dell'amore. Potrai iniziare a dare amore a te stesso, valorizzando la tua immagine, cercando di arricchire la tua vita, per essere in grado di dare e ricevere amore in modo aperto, spontaneo e naturale.

Arriveremo insieme all'ultima fase per percorrere l'ultimo tratto del nostro viaggio. Potrai scoprire come puoi fare per prenderti cura di te stesso/a e piacerti in prima persona. Potrai comprendere che puoi avere amore per la tua persona e per la tua vita senza dipendere da persone, fatti o comportamenti che non sono nel tuo controllo. Potrai scoprire l'importanza di prenderti cura dell'ambiente, della casa, dei tuoi spazi, del tuo spazio personale, dell'energia del tuo ambiente, della tua energia. Sarai consapevole che è importante per te, e per l'energia intorno a te, sbarazzarti del vecchio per fare posto al nuovo. Potrai riscoprire l'importanza di dedicare il tuo tempo in qualità piuttosto che in quantità all'interno della relazione affettiva.

Infine troverai alcuni consigli su come e dove incontrare la persona giusta. Come potrai usare Internet a tuo vantaggio, come compilare un profilo vincente almeno per ciò che riguarda un primo approccio il più possibile realistico.

Alla fine di ogni capitolo troverai esercizi utili che ti aiuteranno nell'identificazione del tuo magnete dell'amore, nella ristrutturazione dei modelli interiori che potranno portarti a una maggiore apertura nel tuo rapporto con l'altro/a. Con lo scopo di incontrare la persona adatta a te, il vero amore così come lo desideri.

GIORNO 1:
Come comprendere la propria matrice

Le credenze

Come puoi diventare consapevole della tua personale realtà e della tua visione? Tutti noi abbiamo pensieri e credenze riguardo a noi stessi, al nostro corpo, alla nostra esistenza, alla nostra auto-immagine, alle nostre capacità, alla nostra possibilità di ricevere amore e quindi di meritarlo, al nostro essere degni o meno di essere felici. Abbiamo credenze nei confronti degli altri, della famiglia, dei nostri cari, dell'amore, degli uomini, delle donne, della nostra metà.

Abbiamo convinzioni personali su tutto il resto, abbiamo credenze personali sul mondo, sul successo, sul lavoro, sul denaro. Abbiamo credenze per ogni cosa. Le nostre credenze viste dalla nostra angolazione ci appaiono come "la realtà" ma sono una realtà personale e non sono la realtà assoluta. Quindi possiamo dire che noi siamo ciò che pensiamo di essere e il mondo è ciò che pensiamo che sia. Possiamo anche dire che il mondo è ciò che vogliamo credere e pensare che sia.

Noi vediamo la realtà attraverso i nostri filtri personali. Questi filtri sono creati dalle nostre esperienze, convinzioni, pensieri. Per esempio, è stato provato che in ogni istante la nostra mente riceve venti milioni di bit di informazioni, ma la nostra mente razionale ci porta a essere consapevoli di non più di venti bit alla volta. Quindi per ogni bit che sperimentiamo e che processiamo, almeno un milione sono inconsci. Questo dimostra quanto la visione e la percezione della realtà esterna siano del tutto personali.

Quella che noi chiamiamo **la realtà** non è che una goccia nell'oceano delle possibilità. Noi prendiamo soltanto qualche goccia rispetto a un oceano di possibilità e alternative. Le nostre credenze e i nostri pensieri condizionano quella che pensiamo essere la nostra realtà, e che ovviamente come abbiamo visto viene interpretata con i nostri filtri personali. I filtri personali selezionano i pensieri e ci permettono di provare delle sensazioni che condizionano le nostre azioni e le nostre scelte.

I nostri pensieri sono condizionati da molti fattori: dall'ambiente, dalla famiglia, dalle nostre esperienze, dalle sensazioni provate, dalla nostra cultura e da tanto altro. Noi interpretiamo la realtà e abbiamo la nostra personale visione delle aree della realtà, in tutte le aree dell'esistenza. Quindi utilizziamo i nostri filtri personali e creiamo i nostri pensieri sulle relazioni, sulla nostra capacità di amare e di ricevere amore; abbiamo i nostri filtri personali di pensiero anche sugli uomini e sulle donne.

SEGRETO n. 1: uscire dall'identificazione ti è utile per cambiare le tue credenze e quindi la tua realtà.

Più avanti approfondiremo questa tematica cercando di lasciare andare tutti i pregiudizi limitanti non utili in relazione all'altro sesso, e liberarci di quei luoghi comuni non utili al rapporto di coppia.

Quindi le nostre esperienze, comprese le esperienze traumatiche, i condizionamenti, le negazioni, i sensi di colpa, le paure istallate, tutti i pensieri limitanti che frenano la realizzazione nella nostra esistenza sono lì, pronti ad agire, e creano quella che noi pensiamo sia la realtà. La nostra realtà è una creazione della nostra mente. Quindi la nostra realtà è diversa dalla realtà dell'altro. Se una persona inconsciamente ha paura di amare o di ricevere amore, è perché si è istallata nel suo inconscio la convinzione di non essere degna d'amore o di non meritare l'amore: ecco che l'inconscio invalida il suo desiderio razionale di amare e di essere felice col tentativo di sfuggire dalla sofferenza. Purtroppo queste credenze e queste emozioni sono energie potenti e attraggono nella nostra vita partner o situazioni che confermano le paure inconsce.

Se una persona desidera amare ma il suo inconscio ha paura dell'amore o pensa di non esserne degno, ecco che incontrerà partner simili, con pensieri simili e che quindi cercheranno di scappare dalla relazione di coppia poiché insicuri sul piano affettivo.

La paura dell'amore che sopraggiunge a livello inconsapevole, e quindi la fuga dal rapporto, è una reazione emotiva automatica che viene messa in moto dall'inconscio il quale è molto più potente della nostra mente razionale. Quindi non basta desiderare consciamente o razionalmente, è l'inconscio che dobbiamo "convincere" per ottenere ciò che desideriamo, altrimenti ogni sforzo verrà vanificato. Se proviamo a confrontare la mente razionale e la mente subconscia è come se confrontassimo un sassolino con una montagna. Anche se non ce ne rendiamo conto è proprio l'inconscio che guida ogni nostra scelta. È utile fare del nostro inconscio un vero alleato in modo che esso ci conduca alla felicità che desideriamo e che tutti meritiamo.

SEGRETO n. 2: per ottenere ciò che desideri è necessario superare le tue credenze e diventare alleato della tua parte inconscia.

Come sono strutturati i nostri pensieri? Il nostro pensiero è consapevole per circa il 10% del tempo, mentre per il 90% ogni nostra scelta o azione è governata dall'inconscio.

Le nostre credenze sono prevalentemente e soprattutto inconsce. Le nostre credenze si sono formate attraverso la nostra cultura, la nostra educazione, le nostre esperienze personali, la nostra matrice e cioè i copioni famigliari, che creano gran parte dell'origine delle nostre credenze, le quali poi vengono plasmate dal numero infinito di esperienze personali e interpretazioni di queste esperienze. Quindi ognuno di noi valuta ogni persona, fatto o evento coi propri filtri personali. Compreso se stesso.

Le nostre credenze sono fondamentali e condizionano l'andamento della nostra vita. Le nostre credenze sull'essere meritevoli d'amore condizionano la nostra possibilità di ricevere amore. Le nostre credenze sugli uomini o sulle donne condizionano i nostri incontri e i nostri rapporti. Le nostre credenze sul nostro compagno o sulla nostra compagna riflettono le nostre aspettative su di lui o su di lei. Le nostre credenze sulle relazioni condizionano le nostre stesse relazioni.

Per esempio, pensate al proverbio «Il matrimonio è la tomba dell'amore». Probabilmente il pensiero collettivo sarebbe stato diverso se il proverbio fosse stato: «Il matrimonio è il tempio dell'amore». Come sarebbero stati i nostri pensieri? Forse un po' più rilassati?

Puoi comprendere i copioni famigliari che hai appreso quando eri bambino/a e che creano le tue credenze e quindi il magnete della tua vita. Quando individui una tua credenza limitante o un copione non utile attraverso gli esercizi che troverai in fondo al capitolo, potrai modificarlo cercando di rendere la credenza potenziante e costruttiva per la tua vita di coppia presente o futura.

Le matrici
La comprensione è il primo passo importante per condurti verso il cambiamento. Attraverso la comprensione il limite si trasforma e diventa possibilità e apertura.

È importante comprendere che i genitori cercano sempre di fare del loro meglio. Ciò che consideri "errori" nei tuoi confronti sono stati generati a loro volta dalle credenze dei tuoi genitori e da ciò che loro avevano a loro volta imparato. Se hai trovato dei blocchi nella tua matrice ora sei pronto/a a scioglierli e a dirigerti verso una relazione d'amore e una vita di coppia appagante come la desideri tu.

I copioni famigliari creano la nostra matrice interiore rispetto a tutte le aree della vita, e in modo particolare riguardo all'area affettiva e relazionale. La modalità con la quale la mamma si rapporta con noi crea la matrice più forte sulla nostra credenza inconscia riguardo a essere meritevoli di ricevere amore.

Il neonato si aspetta amore e nutrimento da parte della madre, quindi attraverso la madre impara cosa è per lui o per lei l'amore. Quando la madre è emotivamente matura il figlio ha la possibilità di crescere sano, forte ed equilibrato.

Se la madre ha avuto delle carenze affettive o è cresciuta in ambienti dove le è stato insegnato che l'amore va meritato, oppure a sopperire alle aspettative altrui, riporterà sul figlio o sulla figlia un tipo di amore condizionato, e quando l'uomo o la donna saranno adulti tenderanno a riflettere quel tipo di amore condizionato nel loro rapporto di coppia.

Non è solo la madre a creare la nostra matrice ma anche il padre, e il rapporto che c'era tra i genitori. Se i genitori si amavano ed erano una coppia equilibrata e felice è più facile che i figli una volta adulti siano in grado di formare la propria famiglia in modo sereno. Se fra i genitori ci sono stati problemi o tensioni, abbandoni, tradimenti, litigi, nei figli si insidia una soglia di attenzione e di allarme, e una volta adulti possono trovare difficoltà ad avere armonia di coppia. Lavorando sulla propria matrice interiore, sulle proprie aspettative e sulle proprie credenze, è possibile liberarsi delle convinzioni limitanti e della paura relativa alle antiche esperienze.

Quindi quando siamo bambini impariamo dai nostri genitori cos'è l'amore: da nostra madre, da nostro padre e dalla modalità con la quale i nostri genitori si sono relazionati fra loro. Da bambini assorbiamo la loro energia d'amore oppure di paura, di gioia o di tensione, quindi assorbiamo i pensieri, le energie e i comportamenti dall'ambiente famigliare.

Durante la nostra infanzia, nel nostro inconscio si istallano convinzioni potenti riguardo al rapporto di coppia e alle relazioni, alle donne e agli uomini, a com'è l'amore, a cosa significa una relazione; le esperienze programmano l'inconscio creando le credenze e le aspettative, che spesso sono inconsapevoli o sono diverse da ciò che desideriamo razionalmente. Quindi se abbiamo avuto dei genitori emotivamente equilibrati e maturi ci troviamo di fronte una strada spianata e semplice da percorrere.

Se uno dei due genitori tendeva a focalizzare la sua attenzione sulle proprie esigenze emotive e quindi con una scarsa maturità emozionale e affettiva, potrebbe essere utile riconsiderare la propria convinzione inconscia che riguarda lo stato di sentirsi meritevoli d'amore, sentirsi di essere in grado di amare e di essere amati, gli eventuali sensi di colpa per l'altro genitore o per la persona che ci ha accudito.

Se entrambi i genitori hanno avuto una scarsa maturità emozionale e quindi erano focalizzati maggiormente sulle proprie aspettative ed esigenze emotive, può essere molto utile rivedere il triplice aspetto: rapporto con la madre, rapporto col padre, rapporto fra i genitori. Inoltre è importante liberarsi dai pensieri limitanti che possono essersi istallati nell'inconscio riguardo a se stessi, alla propria immagine, a meritare l'amore, la considerazione, le coccole, l'affetto, la fiducia, e a lavorare sulla propria autostima.
Se la vita vissuta da bambini è stata segnata da traumi, abbandoni,

tradimenti, oppure l'amore era qualcosa che andava meritato e cioè era un amore dietro condizioni, dimostrato con un premio o con un castigo, purtroppo il bambino assorbe questo messaggio e la persona una volta adulta riflette questo suo programma mentale riguardo all'amore nell'altro. Prima di concedersi si aspetta di ricevere o pretende una compensazione o una prova, proprio perché questi "file" relazionali e affettivi sono conservati nel suo inconscio.

Quello che noi faremo insieme in questo percorso è cambiare i programmi limitanti, quindi imparare ad accettarsi e a dare amore per il piacere di offrire l'amore, ad aspettarsi l'amore naturalmente senza pretenderlo né forzando gli eventi. Lasciarsi andare all'amore!

Per esempio, un ragazzo ha avuto una madre apprensiva e molto protettiva nei suoi confronti. Potrebbe essersi sentito soffocato da questo eccesso di attenzioni, scambiandolo erroneamente per un eccesso di amore. Il ragazzo cresce e ovviamente desidera avere una sua vita affettiva personale e quindi amare ed essere amato. Desidera avere un rapporto appassionante e duraturo con una donna e desidera essere felice. Ma l'inconscio cosa dice?

«L'amore mi spaventa, l'amore è soffocante, se una donna mi ama mi controlla, mi toglie l'aria, non mi lascia spazio». Quindi questi pensieri ed emozioni diventano per lui la sua realtà e l'uomo oramai adulto non sa di essere lui stesso ad avere paura dell'amore e a lasciare poco spazio all'amore; anche quando l'amore si presenta, non riesce a entrare nella sua vita in quanto trova porte chiuse nella mente di questa persona. A livello razionale l'uomo è convinto di desiderare un buon rapporto e non è consapevole di essere responsabile dei suoi fallimenti: per lui è necessario cambiare le credenze limitanti custodite nella mente inconscia.

È importante trovare la serenità prima interiormente e poi esteriormente. Cosa avviene in realtà? Il suo inconscio impaurito emerge tentando di proteggerlo dalla sofferenza e di sfuggire dal rapporto. Inoltre è molto probabile che questo tipo di uomo abbia attratto una donna con problematiche simili o complementari.

Non è un caso se spesso le persone tendono a essere attratte dallo stesso tipo di partner, esiste una risonanza energetica a livello inconscio e il rapporto di coppia è un'opportunità per conoscere anche se stessi e crescere.

Vediamo ora un altro caso. Una donna che ha vissuto il trauma dell'abbandono durante l'infanzia, da adulta teme di essere abbandonata dal suo partner. La donna, nel periodo in cui era bambina, si era sentita trascurata dalla propria madre, la quale si occupava maggiormente dell'altro figlio e cioè il fratello della donna. La ragazza si è sentita esclusa dall'affetto materno, e a livello inconscio, quindi inconsapevole, si è sentita abbandonata e rifiutata dalla madre. Il rischio conseguente alla sensazione di esclusione è che questa donna cercherà di ripetere all'interno delle sue relazioni il trauma dell'abbandono affettivo.

È l'altra faccia della medaglia rispetto all'esempio precedente. Il fratello che si sente soffocato di attenzioni, la sorella che si sente rifiutata: sono due esperienze diverse ma che portano a risultati simili: la frustrazione, la solitudine e, come conseguenza, la sofferenza.

Cosa avviene a questa ragazza? Quando era bambina o

adolescente la mamma non si accorgeva delle sue esigenze, dal momento che era troppo occupata a preoccuparsi delle esigenze del fratello. La ragazza soffre, si sente ignorata e inadeguata, si sente in colpa, pensa di non meritare l'amore della mamma, e la madre non se ne accorge perché il suo focus affettivo viene principalmente rivolto verso l'altro figlio. Nell'esempio riportato l'affetto è focalizzato sul figlio maschio, e in questi casi spesso la madre adotta inconsapevolmente degli alibi, per esempio: «Tanto lei fa quello che vuole, non ha bisogno di me, fa tutto da sola». Il programma che si istalla nella mente della ragazza è: «Non sono meritevole d'amore, non sono degna di essere amata, non conto niente, non esisto, non valgo e vengo rifiutata».

Ovviamente a livello razionale la ragazza desidera amare ed essere felice all'interno della sua relazione, però nel suo subconscio tende a richiamare il suo copione interno e di conseguenza tende a sentirsi trascurata, perché questa è la sua credenza, il suo programma inconscio; magari spesso chiede al suo uomo continue prove o attenzioni che possono esasperare il partner, oppure in altri casi è attratta da uomini già impegnati o da uomini che la trascurano e l'abbandonano. In qualche caso la donna si sente dubbiosa o teme di essere tradita o non considerata. Il dubbio nasce da se stessa perché è ciò che inconsciamente si aspetta, e non dal comportamento del partner. Quindi la donna richiede prove e sente l'esigenza di essere confortata, cerca l'approvazione, in qualche caso il controllo della situazione, in altri casi la rassegnazione e l'isolamento.

La sua realtà è creata dai suoi pensieri di paura di non meritare abbastanza amore, considerazione e attenzioni, che ripropone nella sua vita affettiva e relazionale attraverso l'attesa, il rifiuto, il tradimento, la frustrazione perché questo è esattamente ciò che si aspetta l'inconscio dalla persona che ama. Per questa donna è importare ribaltare la credenza inconscia di essere trascurata con pensieri di meritare l'amore e lavorare aumentando la sua autostima. È molto importante debellare il dolore originario attraverso il perdono.

Ora ti porto un terzo esempio. Una bella donna viene nel mio studio dove ricevo come *life coach* per un aiuto sulla sua situazione sentimentale, e mi dice che non riesce a trovare il partner giusto. Mi racconta la sua infanzia e cerco di capire quale sia la sua matrice interiore. Il padre era un alcolista e usciva tutte le sere da solo, a volte tornava molto tardi alterato dalle bevute, altre volte non tornava a casa, lasciando da sole lei e sua madre. La bimba cresce vedendo la mamma sempre sola, preoccupata e triste, e incolpa suo padre del dolore di sua madre. Ora è una donna adulta infelice e anche se è sposata si sente sola. Perché si sente trascurata e sola? La donna sta riproponendo involontariamente nella sua vita, e quindi all'interno della sua relazione, il trauma vissuto da piccola entrando inconsapevolmente nei panni di sua madre.

La donna ha un ottimo rapporto con sua madre ma esiste un'inconscia dipendenza emotiva: non posso essere felice in amore perché mia madre non è stata felice in amore. Così scatta il senso di colpa nei confronti della madre. Per risolvere questo comportamento la donna ha bisogno di dissociarsi dalla madre e dal suo stesso senso di colpa per lei. Quindi è fondamentale perdonare innanzitutto suo padre, e perdonare anche sua madre e se stessa. Inoltre è utile lavorare sulla sua autostima, sulla sua femminilità, sulla sua convinzione di meritare e di ricevere amore e attenzioni. Questo con lo scopo di ritrovare l'amore, la passione e la fiducia nella sua vita e negli uomini.

SEGRETO n. 3: attraverso la consapevolezza della tua matrice puoi trasformare le relazioni passate e ristrutturarle, e puoi identificare i tuoi copioni famigliari affettivi interni per modificarli.

Ti ho raccontato queste storie per spiegarti quanto sia importante capire qual è l'aspettativa del nostro inconscio e chiedersi quanto possa essere diversa da ciò che pensiamo di desiderare razionalmente. Invece di cercare invano qualche caratteristica che pensiamo ci manchi nell'altro, partiamo da noi stessi e dalla nostra visione interiore. Sono le nostre aspettative inconsce che gestiscono la nostra vita, sia in campo affettivo e relazionale ma anche in tutte le altre aree.

Sicuramente la tua storia è diversa dalle storie che ti ho raccontato. Non importa, lavoreremo insieme per ristrutturare la tua matrice e rivedere quali sono le tue aspettative consapevoli e inconsce che riguardando il tuo rapporto da un'altra prospettiva.

Le interferenze esterne

Nella scelta del compagno o compagna, in alcuni casi può rivelarsi utile proteggere la relazione nascente o la direzione che si desidera prendere nei confronti di una relazione dalle pressioni esterne. Le persone ci comunicano le aspettative che riguardano loro stesse, senza tenere conto che la persona che desidera trovare un compagno o una compagna ha emozioni, gusti ed esigenze diverse. Scegliere una persona cercando di accontentare le famiglie originarie, eventuali parenti e le amicizie consolidate, si potrebbe rivelare fallimentare. Il rischio è andare verso l'insofferenza e l'insoddisfazione anziché la felicità di coppia.

A volte si sceglie una persona sulla base dei condizionamenti della società: una brava ragazza senza troppi grilli per la testa come moglie, un bravo ragazzo con un lavoro sicuro come marito. La ami o lo ami davvero? È veramente ciò che vuoi? Attenzione alle frequenti interferenze che superano la soglia della libera scelta, segui piuttosto la tua strada e il tuo cuore. Attenzione quando altre persone scelgono per te e non per loro, è tua la scelta, solo tua, è il tuo reale sentire che conta. Segui la voce del tuo cuore o segui voci esterne a te? Durante la relazione che sta per nascere, cosa fai? Quando ti relazioni con un compagno o una compagna è molto bello che gli eventuali suoceri abbiano amore e rispetto per la nuora, il genero, la fidanzata del figlio o il fidanzato della figlia.

Attenzione però che "doveri" e "impegni" famigliari particolarmente frequenti, richiesti per fare contenti i nostri famigliari o i famigliari della nostra dolce metà, non vadano a scontentare qualcun altro. Attenzione a quando le madri desiderano continuare a sentirsi delle madri nei confronti del figlio o della figlia, e sentono il bisogno di continuare ad accudire, proteggere, consigliare ecc.

Talvolta accade che quando i figli hanno una relazione alcune madri sentono il bisogno emotivo di continuare il loro ruolo di madri protettrici, consigliere, nutrici e tutrici, e temono di sentirsi trascurate dal figlio o dalla figlia che ha costituito la sua famiglia, e quindi temono di perdere il loro ruolo provando un senso di vuoto. Questo avviene alle madri quando mancano delle risorse proprie che arricchiscono e abbelliscono la loro vita e l'attenzione viene focalizzata su di sé, e cioè sul senso di perdita.
Questa situazione può rivelarsi improduttiva per la nuova coppia

ed è importante che l'uomo (o la donna) che ha una madre ancora bisognosa di attenzioni o di "darsi da fare" per loro sia abbastanza maturo (o matura) per proteggere la propria relazione e sia in grado di capire che questa interferenza, se frequente, a lungo andare potrebbe danneggiare l'armonia all'interno della relazione, sempre se è la coppia stessa a permetterlo. È importante quindi capire che si tratta di una dipendenza emotiva da parte della madre (molto probabile) e non di un reale "aiuto" per la coppia. Il bisogno è solo da parte della madre che non vuole staccarsi dal suo ruolo materno e continua a dipenderne. Questo non è sano ed è importante che il figlio o la figlia sia abbastanza maturo/a da riconoscere il limite che non deve essere superato.

SEGRETO n. 4: è importante preservare la coppia dalle interferenze esterne negative, anche se queste sono generate dai componenti delle famiglie d'origine.

È importante liberarsi dai condizionamenti esterni, scegliere liberamente ascoltando le proprie sensazioni e allearsi col proprio compagno o con la propria compagna. Se ti sembra che i famigliari del tuo uomo o della tua donna richiedano troppo la vostra presenza, oppure diano indicazioni sulle tue o le sue scelte, anziché creare pressioni mostra al tuo eventuale compagno di amarli così come ami lui/lei, ma di voler decidere solo fra di voi.

Mostrati gentile con la persona che ti sembra invadente (famigliare o amico) anziché insofferente, mostrati gradevole sia verso il tuo uomo o la tua donna che verso l'intruso, ma al tempo stesso dimostra di essere sicuro/a di te stesso e di sapere cosa vuoi per la tua vita. Non mostrare ansia, ma sicurezza. Sentiti sicuro/a. La tua vita è solo tua e nessuno può scegliere al tuo posto o sapere cosa è giusto per te meglio di te stesso/a.

Il rispetto per la propria compagna o moglie o per il proprio compagno o marito equivale al rispetto per la propria vita. È chiaro che quando il rapporto coi rispettivi genitori è sano, equilibrato, piacevole, rispettoso per tutti, i rapporti vengono vissuti con armonia, e questa ovviamente è la situazione ideale. Quando invece sono frequenti le visite inaspettate, numerosi i consigli non richiesti, e qualche volta il desiderio di sostituirsi alla compagna con l'alibi di sollevarla dai lavori e dagli impegni e aiutarla, la soglia viene oltrepassata ed è importante che entrambi i componenti della coppia ne siano consapevoli e con maturità, calma, rispetto per la situazione e serenità, siano alleati nel proteggere le proprie aree all'interno della loro relazione.

Obblighi e forzature irretiscono il compagno o la compagna e si rivelano dannosi per la relazione. È utile evitare di forzare il compagno o la compagna in attività o programmi che non desidera. Non costringerlo/a. Ti può andare bene una volta, due, magari tre, ma a lungo andare la forzatura crea attrito e si rivela perdente, facendosi sentire attraverso l'insofferenza e talvolta la fuga dalla relazione.

Rispetta i suoi desideri, le sue emozioni, le sue aspirazioni, i suoi sentimenti. Scegliamo di fare qualcosa che piaccia a entrambi, che sia una domenica con la famiglia o una festa, una gita, una vacanza, una serata con gli amici. Inoltre, se qualche volta lui o lei desidera avere i suoi spazi tutti suoi, non c'è nessun motivo per sentirsi esclusi.

Non sei affatto esclusa se lui quella volta esce coi suoi amici per esempio per assistere a una gara sportiva. Sentiti serena! Non sei affatto escluso se lei quella volta esce con le sue amiche per andare al cinema o a una festa di compleanno. Sentiti sereno!

SEGRETO n. 5: è importante allearsi col proprio compagno o la propria compagna per sentire l'unione reciproca del proprio rapporto e per essere immuni alle interferenze delle altre persone.

Avere i propri spazi è normale per rigenerarsi, ovviamente sempre nel rispetto dell'altra persona. Inoltre è molto importante ritagliarsi il proprio spazio personale per rigenerarsi e avere le proprie risorse senza dipendere dall'altro, e rispettare lo spazio personale del compagno e della compagna.

Esercizio 1 – Le credenze: completa le seguenti frasi scrivendo la tua attuale definizione all'amore. Ricorda che nessuno ti sta esaminando, quindi è fondamentale essere sinceri con se stessi per fare in modo che gli esercizi siano efficaci. Sentiti libero/a di esprimere completamente ciò che provi.
L'amore è:

……………………………………………………..…………………

La relazione all'inizio è:

……………………………………………………..…………………

La relazione dopo un po' di tempo è:

…………………………………………………….…….............

L'abitudine è:

……………………………………………………………..……

La convivenza è:

……………………………………………………..…............

Il matrimonio è:

……………………………………………………………..............

La vita insieme è:

……………………………………………………………..……

La quotidianità è:

....

Gli uomini sono:

....

Gli uomini cercano nelle donne:

....

Gli uomini vogliono:

....

Le donne sono:

....

Le donne cercano negli uomini:

....

Le donne vogliono:

....

Il rapporto di coppia è:

....

Rileggendo le tue definizioni è molto importante per te comprendere:

- Quante convinzioni positive ci sono? Quali risposte ti fanno sentire bene? Quali ti piacciono e ti danno energia?
- Quante convinzioni limitanti ci sono? Quali risposte non ti fanno sentire bene? Quali non ti piacciono e ti tolgono energia?

Le tue risposte sono le tue credenze. Per esempio, ricordi il proverbio «Il matrimonio è la tomba dell'amore»? Quante volte l'hai sentito dire? Un altro esempio è: «All'inizio si amavano e dopo qualche anno si lanciavano i piatti». Quanti pensieri abbiamo di questo genere, con immagini disastrose nei confronti della relazione di lunga durata? Davvero non è così bello come speriamo o sono solo scuse per rimanere soli? Ora riesamina di nuovo le tue risposte e prova a cambiare le tue definizioni dando un significato positivo che ti infonde gioia ed energia.

Esercizio 2 – La matrice interiore (parte A): la tua matrice si è formata attraverso le esperienze avute nella tua infanzia con i tuoi genitori. Da bambino/a attraverso di loro e con loro hai imparato cos'è l'amore, come amare e come essere amato/a, e a livello inconscio hai creato le tue aspettative relative al tuo essere degno/a di dare e ricevere amore nella tua vita. Ora rilassati, fai tre respiri profondi e quindi ripensa a quando eri bambino/a. Pensa ora al rapporto avuto con tua madre (*sia per gli uomini che per le donne*).

Come ti sei sentito/a nel corso del tuo rapporto con tua madre?
………………………………………………………………………..

Come pensi che sia stato il tuo rapporto con tua madre?
Meraviglioso ……………... Bello ……………………...……………..
Dipende …………….…….. Preferisco non pensarci …….……….

Ti sei sentita amato/a? …………………………………………………

Ti sei sentito/a coccolato/a? ……….…... Sempre? ………..……….

Ti sei sentita capito/a? ……..……………………………………….

Ti sei sentito/a compreso/a? .... Sempre? ....

Ti sei sentito/a protetto/a? .... Quanto? ....
Poco .... Giusto .... Troppo ....

Ti sei sentita seguito/a? ....

Ti sei sentita curato/a? ....

Cosa provi ora nei confronti di tua madre?
....

Hai mai sofferto per qualche incomprensione con tua madre?
....

Se hai risposto di sì all'ultima domanda, pensa per qualche istante se ti è mai accaduto di soffrire per un tuo ex-compagno o una tua ex-compagna per motivazioni o comportamenti simili.
....

In passato hai mai cercato di "compensare" tua madre nel

rapporto con la tua lei o il tuo lui?

....

Domanda per gli uomini:
In passato hai mai cercato donne che fossero simili a tua madre?

....

In passato hai mai cercato donne che fossero completamente diverse da tua madre?

....

Esercizio 3 – La matrice interiore (parte B): ora porta l'attenzione al tuo rapporto avuto con tuo padre. Ripeti lo stesso esercizio e poniti le stesse domande che abbiamo visto per la madre (*sia per gli uomini che per le donne*).

Domanda per le donne:
In passato hai mai cercato uomini che fossero simili a tuo padre?

....

In passato hai mai cercato uomini che fossero completamente

diversi da tuo padre?

....

Esercizio 4 – La matrice interiore (parte C): ripensa a come è stato il rapporto fra i tuoi genitori.

I tuoi genitori si amavano/si amano? ....

Andavano d'accordo/vanno d'accordo?..

Ti piace il rapporto che hanno avuto/hanno i tuoi genitori fra loro? ....

Ritieni che il rapporto di coppia dei tuoi genitori sia per te un modello da imitare? ....

Ritieni che il rapporto di coppia dei tuoi genitori sia per te un modello da evitare? ....

In passato hai mai avuto esperienze che riflettevano il rapporto dei tuoi genitori? ....

Il tuo ultimo rapporto ha delle similitudini col rapporto di coppia avuto dai tuoi genitori? .... Sì .... No .... In parte.....

È diverso? .... Sì .... No .... In parte..............

In cosa è simile? ....

In cosa è diverso? ....

Attraverso questi semplici esercizi hai la possibilità di comprendere quali sono la tua matrice interiore e le tue programmazioni affettive.

Esercizio 5 – Le interferenze esterne (parte A): ti è mai successo in passato di dire a un tuo fidanzato se sei donna o a una tua fidanzata se sei uomo, una delle seguenti frasi?

La mia amica mi ha detto che tu (o noi):

....

Il mio amico mi ha detto che tu (o noi):

....

Il mio parente (fratello, sorella, zio, zia, cugino, cugina, nonni ecc.) mi ha detto che tu (o noi):

....

Mia mamma mi ha detto che tu (o noi):

....

Tua madre "dovrebbe":

....

Quella persona (amico/a, padre, fratello, sorella) "dovrebbe fare":

....

Quanto del tuo rapporto con il/la tuo/a compagno/a lasci che sia condizionato da eventi esterni pensieri altrui o da scelte altrui?

....

Qualche volta ti è capitato hai cercato di accontentare qualcun altro (mamma, amico/a ecc.) anziché ascoltare le tue sensazioni?
....

Qualche volta hai scelto liberamente, indipendentemente dalle voci altrui?
....

Hai sempre scelto e deciso liberamente?
....

Rileggi gli esercizi per renderti consapevole delle scelte realmente tue e delle scelte condizionate.

Esercizio 6 – Le interferenze esterne (parte B): chiudi gli occhi e appoggia le mani sul ventre. Pensa alla persona che percepisci come invadente per ciò che riguarda le tue scelte e le tue decisioni affettive. E ora rilassati, fai tre respiri profondi e ripeti dieci volte questa frase:
Io (tuo nome) mando amore a ....(nome).......... e le/gli

auguro tutto l'amore.

Come ti senti ora?

....

Ti senti maggiormente rilassato/a nei confronti di quella persona?

....

E ora rilassati, fai tre respiri profondi e ripeti dieci volte questa frase:

Io (tuo nome) decido la mia vita sentimentale in totale autonomia e sicurezza.

Ripeti queste affermazioni ogni volta che ne senti la necessità.

RIEPILOGO DEL GIORNO 1:

- SEGRETO n. 1: uscire dall'identificazione ti è utile per cambiare le tue credenze e quindi la tua realtà.
- SEGRETO n. 2: per ottenere ciò che desideri è necessario superare le tue credenze e diventare alleato della tua parte inconscia.
- SEGRETO n. 3: attraverso la consapevolezza della tua matrice puoi trasformare le relazioni passate e ristrutturarle, e puoi identificare i tuoi copioni famigliari affettivi interni per modificarli.
- SEGRETO n. 4: è importante preservare la coppia dalle interferenze esterne negative, anche se queste sono generate dai componenti delle famiglie d'origine.
- SEGRETO n. 5: è importante allearsi col proprio compagno o la propria compagna per sentire l'unione reciproca del proprio rapporto e per essere immuni alle interferenze delle altre persone.

GIORNO 2:
Come comprendere gli specchi interiori

Gli specchi interiori

Le persone che incontriamo nella nostra vita sono uno specchio delle nostre aspettative interiori (inconsce) nel momento in cui queste persone si presentano. È l'esperienza che a livello inconscio richiamiamo inconsapevolmente alla nostra vita. E quindi la persona che incontriamo e con la quale ci relazioniamo si trova a essere in armonia con le nostre aspettative inconsce.

Se hai sofferto per qualcuno è perché lo scopo dell'esperienza era farti comprendere una parte di te stesso che non vedevi, per imparare a conoscerti meglio e capirti e per imparare a darti più amore. Può sembrarti strano ma la persona per la quale forse hai sofferto è lo specchio di quelle che sono le tue aspettative inconsce e quella persona o quell'evento si presenta per mostrarti ciò che esiste nel tuo profondo.

Quando una persona soffre per problemi di cuore, anziché puntare il dito contro se stessa o qualcun altro dovrebbe percepire il messaggio; l'insegnamento è sempre: "Impara ad amarti di più". È difficile amare chi non si ama in prima persona, mentre è molto più facile amare chi già si ama. Non ci sono colpe o accuse da fare. Questo succede perché la paura che si prova chiama la paura.

Invece l'amore che si prova chiama l'amore. Quindi da dove deriva la sensazione di delusione e il pensiero di non meritare l'amore? Come abbiamo visto attraverso lo studio dei copioni famigliari e della nostra matrice, se un bambino si è sentito incompreso, non capito, escluso, poco valorizzato o al contrario soffocato di premure o ha vissuto altre situazioni emotivamente eccessive, una volta adulto le sue aspettative nei confronti dell'amore potrebbero comunicare la paura e richiamare le medesime situazioni emotivamente eccessive.

Iniziamo a pensare che non è colpa dei genitori e che a loro volta proiettavano i loro copioni e le loro paure. Non esistono le colpe. Nessun genitore consapevolmente farebbe soffrire i propri figli, ma talvolta avviene così. Questo processo è dovuto ai condizionamenti ricevuti a loro volta dai genitori, per cultura, magari per le loro insicurezze o carenze affettive, o per difficoltà ad aprirsi o a relazionarsi, a lasciarsi andare nel dimostrare il loro amore. A modo loro fanno il meglio possibile.

Vedremo più avanti l'importanza del perdono. Ora cerca di comprendere quanto sia importante mandare tutto l'amore del mondo a quel bambino ferito o a quella bambina ferita per affrontare meglio il tuo presente di uomo o di donna con maggiore consapevolezza e forza interiore, guarendo la tua matrice. La nostra matrice attrae persone ed eventi simili e gli altri ce lo mostrano. I comportamenti dell'altro sono uno specchio delle nostre aspettative interiori che comunichiamo a livello inconscio ed energetico. Le esperienze che noi abbiamo sono uno specchio delle nostre aspettative interiori inconsce.

SEGRETO n. 6: le persone che incontri sono lo specchio delle tue aspettative inconsce e di ciò che hai imparato in relazione ai rapporti quando eri bambino/a.

Abbiamo visto nella parte dedicata alle credenze come i nostri pensieri creano la nostra realtà. Questo avviene anche nel rapporto con gli altri e all'interno della relazione. Se in una stanza emetti una nota musicale con uno strumento, crei una vibrazione e la nota musicale risuona attraverso gli oggetti sensibili che si trovano in quella stanza. Lo stesso accade nelle relazioni.

Se pensi che le donne siano tutte chiacchierone, tenderai ad attrarre nella tua vita donne che con te si comporteranno in modo loquace in ogni occasione. Se pensi che gli uomini siano tutti menefreghisti tenderai ad attrarre uomini che con te avranno un comportamento piuttosto distaccato e solitario. Per questo motivo è molto importante rivedere le proprie credenze – e quindi aspettative – poiché l'altro è lo specchio delle nostre aspettative inconsce. Se da bambini siamo stati amati in modo sano, ci aspettiamo l'amore dall'altro e molto probabilmente riceviamo amore e ci sentiamo appagati e sereni.

Se quando eravamo bambini ci siamo sentiti trascurati, non capiti o altro, una volta adulti riflettiamo sul nostro partner il timore di essere trascurati/e e incompresi/e. Puntare il dito per incolpare l'altro/a della propria sofferenza non è utile e non risolve il problema. È utile invece capire perché quella persona ha agito così, e attraverso quella persona o il suo comportamento saremo in grado di capire noi stessi e quali sono le nostre aspettative.

SEGRETO n. 7: puoi imparare a identificare gli specchi nella tua vita sentimentale. Essere consapevole dei tuoi specchi interiori ti permette di allargare le tue aspettative.

Il comportamento dell'altro ci aiuta a conoscerci e a crescere, per liberarci di quelle parti che non ci sono utili. La soluzione consiste nel lavorare sulle nostre aspettative e nel cercare di cambiare le nostre percezioni nei confronti dell'altro/a. Durante il nostro percorso ci apriamo alla comprensione del vero amore.

Gli altri sono lo specchio di noi stessi, e soprattutto ciò che noi percepiamo negli altri, in parte appartiene un po' anche a noi. Ciò che non sopporti negli altri in realtà è qualcosa di te che finora hai preferito non vedere (proprio perché non ti piace); e una parte saggia di te, la tua anima, vorrebbe modificare quel qualcosa per migliorare la tua vita e renderla più gioiosa, e te lo mostra attraverso gli altri. Le esperienze che hai avuto ti hanno mostrato qualcosa di te che puoi migliorare per essere felice.

Il perdono

Perché perdonare se stessi? Perché perdonare i propri genitori? Perché perdonare il bambino o la bambina interiore? Perché perdonare gli ex compagni o le ex compagne? Perché il perdono ci rende liberi?

Innanzitutto è importante comprendere che in qualsiasi cosa ci possa fare una persona cara non c'è mai l'intenzione di ferire. In quel determinato momento della nostra vita quella determinata persona stava agendo come poteva, credendo in cuor suo di fare del suo meglio, con i mezzi e la conoscenza che aveva a disposizione.

Forse tu pensi che qualcuno abbia sbagliato con te, ma quel qualcuno era in buona fede. Quando comprendi che il dolore che hai provato in passato e che pensavi fosse causato da qualcuno, in realtà era parte di te, e la persona che ne era coinvolta non si rivolgeva a te personalmente, ma aveva un problema suo, ti rendi conto che solo tu sei responsabile delle tue emozioni, e ti diventa più facile perdonare. Quando perdoni sei libero. Non esistono le colpe, i comportamenti delle persone hanno motivazioni inconsce. Quando perdoni le ferite del passato si dissolvono e il tuo cuore apre le porte per accogliere l'amore. La persona che pensi ti abbia ferito stava cercando di soddisfare un suo bisogno umano o una sua esigenza emotiva, secondo le sue credenze e le sue aspettative. Hai avuto più volte un tipo di esperienza simile? A maggior ragione è importante perdonare, per liberarti dal cerchio di quella determinata esperienza.

Come fare a perdonare? Il perdono è fondamentale per guarire le ferite emotive e per sciogliere tutti i blocchi del passato. Il perdono è la migliore medicina! Quando perdoni sei libero/a. Quando perdoni la tua vita si apre al nuovo, alla gioia, alla felicità. Quando perdoni le tue matrici cambiano, i blocchi si sciolgono come neve al sole. Quando perdoni lasci andare e ciò che ti ha fatto soffrire in passato finalmente non torna più. Attraverso il perdono le sofferenze se ne vanno per sempre, i nodi si sciolgono come neve al sole. È indispensabile che il tuo perdono sia vero, sentito e sincero.

SEGRETO n. 8: quando perdoni gli altri e te stesso ti liberi

dalle ferite emotive del passato e puoi essere libero di costruire positivamente il tuo futuro.

Spesso sento persone che mi chiedono: «Perché devo perdonare le persone del passato, gli ex?», e soprattutto: «Perché devo perdonare i genitori, perché devo dare amore alla bambina interiore o al bambino interiore? È con Tizio o con Tizia che ho dei problemi! È con lui o con lei che desidero fare pace!» Quando facciamo pace col nostro passato, perdoniamo le persone coinvolte nelle esperienze dolorose; il passato si dissolve, ce ne liberiamo per sempre. Ed ecco che il copione doloroso viene annullato e non torna più. Il tuo cuore guarisce. La dipendenza affettiva guarisce e si trasforma in dare e ricevere amore.

Quella sgridata che ti aveva turbato, quell'abbandono, quel castigo, non era niente di personale nei tuoi confronti ma era un bisogno emotivo di approvazione del genitore o del parente che ti accudiva. Perdona e lascia andare per alleggerire il tuo cuore. Non era colpa tua per le sue emozioni e non era colpa dell'altro che pensava di fare la cosa giusta e a modo suo era in buona fede: quella era la scelta più famigliare, sempre dettata dal suo inconscio e dalle sue credenze.

Ora che hai compreso questo processo mentale, emotivo e comportamentale, puoi alleggerire il tuo cuore attraverso il perdono. Quando perdoni hai l'opportunità di lasciare andare il passato, e quindi inizi a stimarti, a volerti più bene, ad amarti di più, a rispettarti di più e a desiderare di avere una vita di coppia serena, come sai di meritare.

SEGRETO n. 9: quando lasci andare il passato la tua vita si alleggerisce e nuove porte si spalancano. Ora la vita ti offre nuove opportunità che prima ti era difficile vedere.

Nel momento in cui perdoni te stesso finalmente sei libero di amare. Attraverso il perdono hai guarito le ferite affettive del tuo passato, le hai lasciate andare per sempre. Ecco che le persone intorno a te ti apprezzano, ti senti stimato/a, comprendi quanto amore c'è intorno a te e inizi ad aprirti e a essere pronto a dare e a ricevere amore dall'uomo o dalla donna con cui ti stai relazionando o che stai conoscendo o che sta per arrivare.
Quando apri le porte a nuove opportunità e a incontri diversi e più

soddisfacenti, elevi te stesso. Ti apri ad avvicinare nella tua vita un uomo che ti ama o una donna che ti ama. Col perdono sei in grado di guarire il tuo cuore dai blocchi emotivi che ti frenavano e finalmente sei libero/a di amare e di essere amato/a.

Attraverso il perdono riesci ad attrarre alla tua vita l'amore, la stima, l'affetto, la comprensione, la generosità, l'apertura, la mancanza di giudizio o di aspettativa nei tuoi confronti.

Un punto fondamentale della guarigione emotiva con il perdono riguarda te stesso/a. Perché è importante perdonare se stessi? È importante perdonarsi per tutte quelle volte in cui abbiamo sofferto, ci siamo arrabbiati per qualcosa o per qualcuno, o non abbiamo accettato un evento. L'altro/a non ti ha fatto soffrire, sei tu che hai sofferto e quindi tu sei responsabile dei tuoi sentimenti e delle tue emozioni. Puoi imparare a gestire le tue emozioni.

**SEGRETO n. 10: con la consapevolezza e con il perdono puoi essere libero di amare. Libero di aprirti a ricevere l'amore, la fiducia e la gioia, e aprire il tuo cuore a una relazione serena.
Esercizio 7 – Gli specchi:** scrivi un elenco delle caratteristiche

che non ti piacciono in una persona.

....

....

Pensa a quale persona secondo te possiede queste caratteristiche. Ora descrivi una caratteristica che non ti piace di tua madre.

....

Ora descrivi una caratteristica che non ti piace di tuo padre.

....

Ora descrivi una o più caratteristiche che non ti piacevano nei tuoi ex fidanzati o nelle tue ex fidanzate.

....

....

Ora fermati un istante e rilassati. Chiudi gli occhi e respira lentamente, riapri gli occhi e rileggi gli elenchi scritti sopra. Pensa se qualcuna delle caratteristiche descritte nell'esercizio ti appartiene. Sii sincero/a con te stesso/a!
Questi esercizi non sono stati elaborati per giudicarti ma per

esserti utili. Ti servono per vedere meglio dentro di te e ripulire ciò che potrebbe frenare la tua vita affettiva.

Ora descrivi tutte le caratteristiche che hai elencato in precedenza, relative a tua madre, a tuo padre e alle persone conosciute in passato e che hai amato, ma opposte, cioè prova a cambiare le caratteristiche trasformandole da negative in positive. Un esempio:
a) avarizia e parsimonia eccessiva con sé e con gli altri;
b) generosità, grande apertura verso gli altri.

a) pigro, troppo pantofolaio e spento;
b) dinamico, pieno di energia e carica per sé e per gli altri.

Ora tocca a te, riscrivi e trasforma i tuoi elenchi.
....
....

Ora prova a immaginare te stesso/a con queste stesse caratteristiche. Ripeti le frasi usando la prima persona:
Io (tuo nome) .... sono ....

Come ti senti ora? Ti senti trasformato/a? Ti piaci? Ti senti tranquillo/a? Tutto questo ti fa sentire bene? Ti fa sentire felice? Sei come desideri? Sappi che non ci sono limiti, tu puoi essere come desideri.

Esercizio 8 – Il perdono: è molto utile praticare questo esercizio (sviluppato dalla tecnica di indipendenza emozionale Logosintesi, un innovativo sistema di crescita e cambiamento fondato dallo psicologo e psicoterapeuta olandese Willem Lammers) per mandare amore, ringraziare e perdonare tua madre, per ringraziare e perdonare tuo padre, per perdonare gli ex o le ex e tutte le persone che pensi ti abbiano fatto soffrire, infine per ringraziare e perdonare te stesso/a.

Ora respira profondamente, poi con le mani appoggiate sul ventre leggi e ripeti le seguenti parole ad alta voce.

Esercizio 9 (Logosintesi a): frase da ripetere per perdonare la propria madre.
Mando tutto l'amore a mia madre per ciò che ha fatto di buono,

la perdono sinceramente e completamente con tutto/a me stesso/a per quando ho sofferto e ora so che mia madre è sempre stata in buona fede. Ora capisco i comportamenti di mia madre, li comprendo, provo compassione e amore e lascio andare ogni giudizio. Ora lascio andare dal mio spazio personale ogni rancore lo allontano da me e dalla mia energia e lo rimando alla luce.

Respira profondamente.

Ora perdono tutte quelle incomprensioni passate dovute a divergenze di credenze. Mando a mia madre tutto l'amore e la ringrazio. Ora ho perdonato e mi sento libero/a e nella mia energia.

Prenditi qualche istante di pausa per metabolizzare il perdono appena manifestato e respira profondamente. Ora con le mani appoggiate sul ventre leggi e ripeti queste parole ad alta voce (stesso esercizio sul padre).
Ripeti la stessa frase pronunciata nell'esercizio di perdono per tua madre, ora per perdonare tuo padre. Respira profondamente.

Ora perdono tutte quelle incomprensioni passate dovute a divergenze di credenze. Mando a mio padre tutto l'amore e lo ringrazio. Ora ho perdonato e mi sento libero/a e nella mia energia.

Prenditi qualche istante di pausa per metabolizzare il perdono appena manifestato e respira profondamente. Nota: lo stesso esercizio del perdono per la madre e per il padre si può fare per le ex relazioni o per il coniuge. Se pensi di provare ancora dei rancori per una storia passata è molto importante lavorare sul perdono di quella persona per essere libero/a di aprirti all'amore.

Ora pensa al/alla tuo/a compagno/a avuto nella relazione trascorsa oppure al/alla tuo/a attuale compagno/a, e con le mani appoggiate sul ventre leggi e ripeti le seguenti parole ad alta voce.

Esercizio 10 (Logosintesi b): frase da ripetere per perdonare il proprio partner o la propria partner riguardo a relazioni finite:
Mando tutto l'amore a ... (nome) ... per tutto ciò che ha fatto di buono, lo/la perdono sinceramente e completamente con tutto/a

me stesso/a per le incomprensioni e ora so che ... (nome) ... è sempre stato/a in buona fede, facendo del suo meglio. Ora capisco i suoi comportamenti e li comprendo, provo compassione e profondo amore e lascio andare ogni giudizio. Ora lascio andare dal mio spazio personale ogni rancore, lo allontano da me e dalla mia energia e lo rimando alla luce.

Respira profondamente.

Ora perdono tutte quelle incomprensioni passate dovute solo a divergenze di credenze. Mando a ... (nome) ... tutto l'amore e lo/a ringrazio per il suo amore. Ora ho perdonato ... (nome) ... e mi apro nel donargli/le tutto il mio amore.

Prenditi qualche istante di pausa per metabolizzare il perdono appena manifestato e respira profondamente. Ora perdona te stesso/a per il passato, per non esserti dato/a abbastanza amore. Ora sai che meriti tutto l'amore che c'è nell'universo, non risparmiarti, non hai più bisogno di tirarti indietro. Lasciati andare e apriti all'amore, apri il tuo cuore. Perdonati di tutto e amati profondamente e completamente. Perdonati anche per tutte quelle volte in cui pensi di non avere agito in modo adeguato nei confronti di qualcuno e ricordati che non hai colpe. Va tutto bene. In quel momento doveva andare così. Ora perdonati di tutto! Rilassati, respira profondamente e ripeti a te stesso/a ad alta voce con la mano sinistra sul cuore e la mano destra sulla pancia:

Io mi amo, mi perdono di tutto e mi accetto completamente e profondamente, esattamente così come sono, io sono una persona meravigliosa e merito di essere amato/a e di amare.

Respira profondamente e ripeti di nuovo, in totale per tre volte. È consigliabile ripetere questo breve esercizio relativo al perdono verso se stessi tutti i giorni per un certo periodo di tempo. Se possibile, è utile eseguirlo per ventuno giorni consecutivi. Attraverso l'esercizio dell'auto-perdono la tua energia cambia, le tue emozioni cambiano e ti accorgi di sentirti sempre meglio.

RIEPILOGO DEL GIORNO 2:

- SEGRETO n. 6: le persone che incontri sono lo specchio delle tue aspettative inconsce e di ciò che hai imparato in relazione ai rapporti quando eri bambino/a.
- SEGRETO n. 7: puoi imparare a identificare gli specchi nella tua vita sentimentale. Essere consapevole dei tuoi specchi interiori ti permette di allargare le tue aspettative.
- SEGRETO n. 8: quando perdoni gli altri e te stesso ti liberi dalle ferite emotive del passato e puoi essere libero di costruire positivamente il tuo futuro.
- SEGRETO n. 9: quando lasci andare il passato la tua vita si alleggerisce e nuove porte si spalancano. Ora la vita ti offre nuove opportunità che prima ti era difficile vedere.
- SEGRETO n. 10: con la consapevolezza e con il perdono puoi essere libero di amare. Libero di aprirti a ricevere l'amore, la fiducia e la gioia, e aprire il tuo cuore a una relazione serena.

GIORNO 3:
Come cambiare gli schemi comporta-mentali

In questo capitolo vedremo quali sono gli schemi comporta-mentali *non* utili che ci bloccano quando cerchiamo di costruire o di vivere una relazione. Uno schema limitante è dato dalle generalizzazioni della mente in base alle esperienze avute o alle convinzioni uomo/donna. Vediamo in seguito come puoi liberarti dalle credenze limitanti non utili.

Attraverso i nostri filtri personali di quella che pensiamo essere la realtà, viviamo l'esperienza e i rapporti creando le nostre personali rappresentazioni e quindi le nostre personali convinzioni. Le credenze limitanti o schemi mentali non utili riguardo a se stessi o all'altro contengono:

- generalizzazioni;
- presupposizioni;
- distorsioni;
- cancellazioni.

Le generalizzazioni

La nostra mente è organizzata per generalizzare le esperienze e apprendere determinate conoscenze che ci possono servire in situazioni future o proteggere da eventuali pericoli. Per esempio, un bambino piccolo vede una candela accesa. La luce di quella fiammella mobile attira la sua attenzione. Il bimbo sempre più incuriosito si avvicina alla candela accesa e per comprendere di cosa si tratta cerca di toccare la fiamma, ma appena mette le sue manine sul fuoco si scotta e prova dolore, quindi spaventato si mette a piangere. Il bruciore che il bambino prova gli sta dicendo: «Non bisogna giocare col fuoco», così il piccolo imparerà la lezione e la prossima volta che vedrà una fiamma si terrà alla giusta distanza.

La nostra mente tende a generalizzare, in modo che noi possiamo imparare dall'esperienza e farne tesoro. Purtroppo gli esseri umani usano le generalizzazioni non solo a loro vantaggio, ma talvolta anche per dirigere il loro viaggio verso un binario morto.

Tante volte si sente dire: «Siccome il mio ex mi ha tradito ora ho paura di essere tradita di nuovo». Così la ragazza ferita diventa gelosa, e questo è improduttivo perché è un comportamento generato dalla vecchia esperienza che ha creato paura e insicurezza. Molto spesso si fanno generalizzazioni di tipo sessista: «Le donne sono tutte in questo modo, le donne fanno tutte questa cosa», oppure: «Gli uomini sono tutti così, gli uomini voglio tutti questa cosa».

Ora chiediti: tutte le donne? Tutte, proprio tutte? Tutti gli uomini? Tutti, proprio tutti? Siamo esseri umani. Sulla Terra ci sono circa sei miliardi e ottocento milioni di persone, di cui circa il 53% è costituito da donne e il 47% da uomini. Com'è possibile pensare che tre miliardi e mezzo di donne abbiano determinate caratteristiche, gusti o pensieri, e che circa tre miliardi e trecento milioni di uomini abbiano altre determinate caratteristiche, gusti o pensieri? Pensiamo solo alle diverse culture, alla provenienza, alle innumerevoli storie personali.

Le differenze sessuali esistono per darci la possibilità di procreare e moltiplicarci. In ogni persona albergano energie yang, e cioè maschili, ed energie yin, femminili. Nelle civiltà evolute ogni essere umano, sia uomo che donna, possiede insieme caratteristiche yang e caratteristiche yin, indipendentemente dalle peculiarità della persona, in perfetto equilibrio fra le due energie: quella solare (yang) e quella lunare (yin). La ricerca dell'altro e l'attrazione verso determinati partner riguarda la compensazione delle due parti che si compenetrano e costituiscono l'intero. Ogni nostro partner in quel determinato momento era una potenziale anima gemella, in quanto rispondeva a delle esigenze interne, energetiche e inconsce.

SEGRETO n. 11: generalizzare in termini di uomini e donne significa bloccare la propria visione a degli schemi precostruiti; questo pensiero si rivela limitante e non ci permette di andare oltre.

Le classiche generalizzazioni di tipo sessista si riferiscono appunto al sesso opposto: «Gli uomini sono... gli uomini pensano... gli uomini fanno... le donne sono... le donne pensano... le donne fanno...»

Questo in genere avviene, oltre che per i luoghi comuni culturali e famigliari, anche in base alle esperienze precedenti richiamate dai nostri schemi psicologici inconsci. Per esempio, una donna che in passato è stata tradita da un uomo potrebbe trovarsi a pensare che tutti gli uomini tradiscono, e quindi essere convinta che lo farà anche il suo nuovo compagno. O che possano farlo "tutti" gli uomini, precludendosi la possibilità che le cose possano essere diverse, lasciando emergere le sue paure interiori. E i risultati di solitudine sono una difesa dalle sue paure interiori. Questo pensiero diventa un'aspettativa inconscia e l'aspettativa, ahimè, è come un richiamo.

Altro esempio: un uomo che in passato ha avuto una donna affettivamente dipendente, potrebbe trovarsi a dire: «Tutte le donne sono possessive, chiedono e pretendono», con il rischio di riportare la sua credenza e aspettativa nei confronti di tutte le donne e quindi richiamare quel tipo di donna, oppure ritirarsi dal rapporto per timore che ciò accada.

SEGRETO n. 12: le generalizzazioni limitano il campo creativo delle possibilità bloccandoti nella tua credenza. Uscire dalla generalizzazione apre la tua visione delle possibilità.

In questo modo le persone non pensano che la realtà possa essere diversa e che non tutti gli uomini sono come il proprio ex compagno, e non tutte le donne sono come la propria ex compagna. Per uscire dalla generalizzazione è importante iniziare a credere che tutto ciò possa essere diverso.

Siamo tutti essere umani e tutti, fin da quando siamo bambini, abbiamo bisogno di amore e di approvazione dalle persone che amiamo.

Ci sono donne mature emotivamente e donne che potranno esserlo in futuro, e altre che forse non sono ancora pronte per l'amore incondizionato. Ci sono uomini maturi emotivamente e uomini che potranno esserlo in futuro, e altri che forse non sono ancora pronti per l'amore incondizionato.

Ti ricordi l'argomento iniziale sui nostri filtri personali riguardo la nostra realtà? Per esempio, una donna in passato è stata tradita da un compagno che amava e si trova a pensare: «Tutti gli uomini tradiscono». Questa è la sua realtà non utile, e il rischio è che lei si chiuda alla possibilità che esistano uomini sinceri. Ovviamente il tradimento è solo un esempio, le generalizzazioni possono essere molte altre, come la paura di essere lasciati, o tante paure che emergono come condizionamento di pensieri e azioni.

Per esempio, un uomo in passato ha avuto una compagna dipendente dalla sua presenza, bisognosa di approvazioni continue e dimostrazioni di affetto e di attenzioni, e si trova a pensare: «Tutte le donne pretendono attenzioni e approvazioni». Questa è la sua realtà non utile, e il rischio è che lui si chiuda alla possibilità che esistano donne emotivamente più indipendenti.

È importante studiare la tua specifica situazione personale. Inizia a considerare le persone come esseri umani, indipendentemente dal loro sesso, senza creare delle generalizzazioni che non ti sono utili. Anche le generalizzazioni nascono dalla tua matrice interiore e quindi dai tuoi programmi affettivi famigliari, da come da bambino/a hai vissuto il rapporto con tuo padre o tua madre. Prova a pensarci! È importante che tu sappia che le persone sono tutte diverse fra loro, con la loro storia, il loro carattere, non possiamo dividerle in categorie anche se la nostra cultura ci ha abituati così.

Gli uomini *non* sono tutti uguali. Gli uomini sono diversi fra loro. Le donne *non* sono tutte uguali. Le donne sono diverse fra loro.

Penso che questo concetto importante ti faccia stare meglio e ti incuta una sensazione di maggiore libertà di scelta. Un'altra cosa importante è non dire mai: «Noi uomini, voi donne», oppure: «Noi donne, voi uomini». Questi termini danno un senso di distacco e separazione. Abbiamo la fortuna di vivere in una società sessualmente integrata, quindi impariamo a percepire, vedere e sentire l'unione maschile e femminile per creare l'intesa reciproca e uscire dal conflitto.

Le presupposizioni
Presupposizione: A = B. Spesso si fanno delle presupposizioni e cioè se lui o lei fa questo significa quello. Esempi:
- se lui non mi guarda significa che non gli interesso;
- se lui non mi porta i fiori significa che non mi ama;
- se lui non mi chiama significa che non mi pensa;
- se lei non vuole venire sabato sera coi miei amici e preferisce andare dalla sua amica significa che non gliene importa niente di me;

- se lei non mette il profumo che le ho regalato significa che non le interesso;
- se lei non torna significa che ha trovato di meglio da fare.

A volte tendiamo a metterci in allarme e a creare storie fantastiche con la nostra mente, presupponendo fatti talvolta inesistenti e creando inutilmente delle tensioni emotive interne dovute ai film creati dalla nostra mente.

Questo atteggiamento deriva dalla paura, la paura di non essere abbastanza amati o la paura di essere traditi, trascurati, abbandonati o non meritevoli ecc. paure dovute ai propri copioni mentali e che abbiamo bisogno di superare attraverso le tecniche di questo ebook, con la consapevolezza, l'accettazione e il perdono, cambiando i nostri schemi mentali da limitanti a potenzianti.

SEGRETO n. 13: aspettarsi un comportamento dall'altro significa dipendenza o paura e non amore sereno e consapevole. È fondamentale liberarsi dal desiderio di trarre conclusioni affrettate sul comportamento dell'altro.

Le distorsioni

Le distorsioni sono cambiamenti, modifiche che elaboriamo a fatti accaduti o a persone o al nostro rapporto, aggiustamenti inconsci; non sono vere e proprie bugie come spesso si pensa ma distorsioni create dalla nostra mente per adattare il fatto o l'esperienza alla nostra personale matrice e alle nostre credenze. Sono modifiche che adattano l'evento o l'idea che ci siamo fatti su una persona o sulla relazione ai nostri filtri personali.

Spesso le distorsioni vengono create inconsapevolmente a proprio vantaggio per dimostrare che avevamo ragione, così pensiamo di sentirci meglio. Alcuni scatenano delle vere e proprie guerre per dimostrare di avere ragione e le distorsioni o modifiche diventano la realtà da difendere con tutte le proprie forze. È importante prenderne atto, comprendere che non abbiamo niente da dimostrare e cercare di essere sinceri e obbiettivi con noi stessi.

SEGRETO n. 14: liberarti dalle distorsioni della tua mente inconscia ti è utile per evitare il giudizio su un'altra persona e ti aiuta ad aprirti alla reale conoscenza dell'altro.

Anziché cercare di avere ragione a tutti i costi è molto più utile valutare le varie sfaccettature, rilassarsi e provare a mettersi nei panni dell'altro, e cercare di vedere le cose cambiando la propria prospettiva. Semplicemente, con sincerità, comprensione e umiltà.

Le cancellazioni
Le cancellazioni sono omissioni di eventi o esperienze. Anche in questo caso avvengono per le stesse motivazioni che riguardano le distorsioni. Spesso si omettono fatti o particolari scomodi dal punto di vista dell'osservatore, e si dimenticano. Il fenomeno delle cancellazioni è frequente e avviene quando si tende a vedere un evento, un fatto, una persona o una relazione, da una sola prospettiva, oppure quando ci si dimentica che le cose non sono sempre state in quel determinato modo ma sono state anche in un altro. Per giungere a un accordo e a un'intesa serena è importante allargare la propria visuale con obbiettività.

SEGRETO n. 15: comprendere il ruolo delle cancellazioni che talvolta vengono messe in atto per semplificare in modo grossolano ti aiuta ad avere una visione più ampia dell'altro.

Esercizio 11 – Le generalizzazioni (parte A, per le donne): scrivi qui cosa pensi degli uomini.

Gli uomini sono:
....

Gli uomini fanno:
....

Gli uomini dicono:
....

Gli uomini vogliono:
....

Gli uomini vogliono dalle donne:
....

Gli uomini cercano in una donna:
....

Esercizio 12 – Le generalizzazioni (parte B, per gli uomini): scrivi qui cosa pensi delle donne.

Le donne sono:

....

Le donne fanno:

....

Le donne dicono:

....

Le donne vogliono:

....

Le donne vogliono dagli uomini:

....

Le donne cercano in un uomo:

....

Ora rilassati e poi domandati: pensi che davvero "tutti" gli uomini o "tutte" le donne siano come nella descrizione dell'esercizio? Tutti gli uomini, proprio tutti? Tutte le donne, proprio tutte? Tutti, ma davvero tutti? Tutte, ma davvero tutte?

Ora chiediti se ci siano degli uomini o delle donne che non sono:
……………………………………………………………………………..

che non fanno:
……………………………………………………………………………..

che non dicono:
……………………………………………………………………………..

che non vogliono:
……………………………………………………………………………..

che non cercano:
……………………………………………………………………………..

che siano diversi da come pensi che siano:

....

Apri la tua mente a una diversa possibilità della realtà. Ora completa le frasi nell'esercizio successivo cercando alternative alle risposte date nell'esercizio precedente, anche opposte. Esempi:

Gli uomini sono chiusi e non amano parlare di se stessi.

Frase trasformata:

Ci sono uomini che sono espansivi e parlano volentieri di se stessi.

Gli uomini cercano in una donna solo sesso e piacere personale.

Frase trasformata:

Ci sono uomini che in una donna desiderano trovare amore, intelligenza e intesa.

Le donne sono tutte chiacchierone.

Frase trasformata:

Ci sono donne che a volte si raccontano, altre volte sono tranquille e silenziose.

Le donne cercano uomini con belle automobili e un bel conto in banca.

Frase trasformata:

Ci sono donne che in un uomo desiderano trovare amore, tenerezza e complicità e non sono interessate al lato esteriore delle cose.

Ora tocca a te.

Ci sono uomini/donne che sono:

………………………………………………………………..………

………………………………………………………………………..

Ci sono uomini/donne che sono:

………………………………………………………………..…………

………………………………………………………………...………

Ci sono uomini/donne che fanno:

……………………………………………………………..……………

…..……………………………………………………………………

Ci sono uomini/donne che dicono:

....
....

Ci sono uomini/donne che vogliono:

....
....

Ci sono uomini/donne che cercano in una donna:

....
....

Esercizio 13 – Le presupposizioni: A = B: le presupposizioni possono essere di diverso tipo. Ad esempio:
- se lui non mi telefona *significa* che è arrabbiato con me o che non è interessato a me;
- se lui non mi guarda *significa* che non mi desidera;
- se lei non risponde *significa* che preferisce un altro uomo a me;
- se lei ha rimandato l'appuntamento *significa* che non la vedrò più perché ha altro da fare.

Completa le tue frasi:

Quando lui/lei fa

……………………………..……………………………………...

significa che:

……………………………………………………………………..

Quando lui/lei dice

……………………………………………………………………..

significa che:

……………………………………………………………………..

Quando lui/lei

……………………………………………………………………..

significa che:

……………………………………………………………………..

Se lui/lei

……………………………………..……………………………..

significa che:

………………………………………………………..………….

Se lui/lei

…………………………………………..……………………………………...

significa che:

…………………………………………………………………………………..

Se lui/lei

…………………………………………………………………………………..

significa che:

…………………………………………………………………………………..

Sei *convinto/a* di questo? Sei *convinto/a* che il suo comportamento sia riferito a te? Prova a darti significati diversi e diverse possibilità. Ora riguarda la prima parte delle frasi (Quando lui/lei ………; Se lui/lei ………) e prova a completarle con delle diverse alternative: significa che è stanco/a, significa che ha avuto una giornata impegnativa, significa che dovrei prendere qualche iniziativa carina ecc., evitando qualsiasi presupposizione che rientri nel tuo personale e che sia riferita a te.

Esercizio 14 – Le distorsioni: ti è mai successo di modificare le visioni dei fatti o dei tuoi pensieri rispetto a eventi accaduti?

Forse non te lo ricordi perché le distorsioni vengono elaborate dalla nostra mente a livello inconscio. Per trovare e mantenere una buona intesa di coppia è fondamentale immedesimarsi nell'altro. Prova a cambiare la tua visuale e le tue percezioni e prova a immedesimarti nel tuo lui o nella tua lei.

Chiediti sempre come potrebbe essere realmente la situazione dalla sua parte o dalla sua prospettiva, secondo le sue esperienze e le sue credenze.

- Come vedresti questa determinata situazione se tu fossi un uomo/una donna?
- Cosa sentiresti in questa determinata situazione se tu fossi un uomo/una donna?
- Come vive un uomo/una donna questa situazione?
- Come vede un uomo/una donna questa situazione?
- Cosa sente e cosa prova un uomo/una donna in questa situazione?

Esercizio 15 – Le cancellazioni: spesso le cancellazioni riguardano omissioni relative a eventi o particolarità che appaiono scomode. Quanto ti senti obbiettivo/a?

Prendi un oggetto qualsiasi (una scatola, una penna, una matita, un paio d'occhiali ecc.) e descrivi l'oggetto in ogni suo dettaglio. Non dimenticare la forma, la superficie, la temperatura, il colore, la luminosità, l'odore, le sensazioni che ti dà. Prenditi almeno dieci minuti o un quarto d'ora di tempo per svolgere questo esercizio. Trova più dettagli per descrivere l'oggetto. Ripeti l'esercizio dopo qualche giorno per verificare se hai individuato un maggior numero di dettagli.

RIEPILOGO DEL GIORNO 3:

- SEGRETO n. 11: generalizzare in termini di uomini e donne significa bloccare la propria visione a degli schemi precostruiti; questo pensiero si rivela limitante e non ci permette di andare oltre.
- SEGRETO n. 12: le generalizzazioni limitano il campo creativo delle possibilità bloccandoti nella tua credenza. Uscire dalla generalizzazione apre la tua visione delle possibilità.
- SEGRETO n. 13: aspettarsi un comportamento dall'altro significa dipendenza o paura e non amore sereno e consapevole. È fondamentale liberarsi dal desiderio di trarre conclusioni affrettate sul comportamento dell'altro.
- SEGRETO n. 14: liberarti dalle distorsioni della tua mente inconscia ti è utile per evitare il giudizio su un'altra persona e ti aiuta ad aprirti alla reale conoscenza dell'altro.
- SEGRETO n. 15: comprendere il ruolo delle cancellazioni che talvolta vengono messe in atto per semplificare in modo grossolano ti aiuta ad avere una visione più ampia dell'altro.

GIORNO 4:
Come aprirsi all'amore vero e desiderato

I sette bisogni

Nella Programmazione Neuro-Linguistica sono stati identificati sette bisogni umani:

1) il bisogno di **certezza/sicurezza**. La garanzia della tranquillità e delle proprie radici. La necessità di sentirsi al sicuro, protetti. Corrisponde all'istinto di sopravvivenza;

2) il bisogno di **varietà**. La controparte della certezza, che contrasta la noia, la routine, l'abitudine e la ripetitività. Le persone hanno la necessità di rinnovarsi per apprendere. Hanno il desiderio di rendere creativa la loro vita. Attraverso la creatività abbiamo la possibilità di apprendere, di ampliare le nostre esperienze e la nostra conoscenza e quindi di attuare la nostra crescita personale;

3) il bisogno di **unicità**. Sentirsi unici e speciali e cioè sentire di essere importanti per qualcuno. Per una determinata persona o per un gruppo di persone o anche per la società. Spesso si

compiono azioni per farsi notare dai propri cari, per rendersi importanti. Il bambino sente il bisogno di sentirsi unico per i suoi genitori. Le persone adulte desiderano sentirsi uniche per la persona che amano;

4) il bisogno d'**amore**. Se non ci si sente sufficientemente amati il bisogno d'amore può essere soddisfatto in una modalità poco sana e poco utile. Per esempio alcuni utilizzano la scusa della malattia e della propria salute debole a livello inconscio per ricevere attenzioni, cure e coccole, e quindi amore. Qualcuno esercita il controllo dell'altro per la "paura" di perdere l'amore. È fondamentale comprendere che è possibile amare in modo *sano* per soddisfare il proprio naturale bisogno d'amore. L'amore non può essere preteso o forzato. È importate lavorare dentro se stessi, pensare di meritare l'amore, pensare di essere degni di dare e ricevere amore. È utile colmare i propri vuoti anziché aspettarsi che sia l'altro a farlo; quando una persona si ama, ricevere l'amore dall'altro/a diventa una naturale conseguenza. Ripeti a te stesso: «Io mi amo e mi accetto così come sono, io merito amore, io merito di essere amato»;

5) il bisogno di **crescita**. Tutti abbiamo la necessità di evolverci, di andare avanti, di imparare, di crescere, di migliorare come esseri umani. Abbiamo bisogno di sentire che la nostra vita ha uno scopo e necessitiamo di avere delle sfide da superare. Ogni essere umano cerca la crescita e impara attraverso le esperienze della sua vita. Ogni essere vivente cresce. La crescita è alla base della vita, nulla è fermo;
6) il bisogno di **contributo al mondo**, inserito nel contesto del nostro sistema sociale. Può essere un paese, un negozio, una nazione, o anche l'interno della famiglia. Qualunque sia il nostro scopo stiamo dando un contributo all'intero Universo. È il livello più alto e spirituale, contribuire per la società;
7) il bisogno di **missione**. La nostra vita sente la necessità di avere uno scopo. Si verifica quando la nostra vita è sulla strada dell'appagamento e della realizzazione vista in un disegno più ampio e completo. Il nostro scopo o missione è utile a noi stessi e agli altri.

La paura è una difesa. La paura di non essere amati, di non essere considerati. La paura subentra quando una persona teme che i suoi bisogni umani non vengano soddisfatti. Ogni azione che viene compiuta ha come motivazione o spinta la ricerca e l'appagamento di uno dei bisogni umani. La paura è una protezione, è la paura della sofferenza.

SEGRETO n. 16: comprendere i bisogni umani ci permette di capire maggiormente il comportamento e il sentimento dell'altra persona senza giudicarla.

Nessuno vorrebbe fare soffrire volutamente una persona cara, eppure talvolta ciò avviene. Le persone cercano semplicemente di soddisfare un "bisogno umano" e lo fanno coi mezzi a loro disposizione, nel modo migliore possibile, anche se talvolta l'azione non appare funzionale nei confronti degli altri. O semplicemente cercano di scappare dalla sofferenza.

Per questo motivo comprendere i copioni delle altre persone ci permette di capire le loro azioni e reazioni. Questo vale per il marito o il compagno, per la moglie o la compagna, per i genitori, per i figli, per tutte le persone care. Per questo motivo la comprensione e il perdono sono tanto importanti. I nostri bisogni umani possono essere soddisfatti in modo sano ed equilibrato.

L'amore incondizionato

Come provare amore per se stessi e per gli altri per essere in grado di donare e di ricevere amore? Qual è la differenza fra amore incondizionato e amore condizionato?

Un errore molto comune è incontrare una persona, vivere la relazione e poi pensare di volerla cambiare e magari renderla "perfetta" proprio così come vorremmo noi. Purtroppo questa strategia non funziona e a lungo andare il rischio è che possa logorare il rapporto. Abbiamo visto che ogni persona percepisce la realtà del mondo e delle cose in modo diverso, ha sensazioni diverse, punti di vista diversi, priorità diverse, rappresentazioni interne diverse.

Quando esistono delle incomprensioni, anziché cercare di cambiare l'altro è più utile cercare di comprenderlo, andare verso di lui/lei. Cercare l'incontro e non lo scontro. È utile cercare di comprendere i suoi bisogni, le sue esigenze, i suoi sentimenti, il suo modo di comunicare che può essere diverso dal nostro: non è un problema, è normale che ciò avvenga. È importante quindi provare a comprendere l'altro e non cercare di cambiarlo. Andare verso l'altro e non contro l'altro. Amare significa dare e non pretendere.

SEGRETO n. 17: trovare l'amore dentro se stessi è il punto fondamentale per essere felici in amore. Sei felice quando ami per la gioia di dare e non per aspettarti qualcosa dall'altra persona.

Quando amiamo doniamo il nostro amore incondizionatamente, tutto ciò che ritorna alla nostra vita è una conseguenza del nostro amore sincero. Ciò che non arriva a noi non va preteso. Se le nostre aspettative sono diverse da ciò che c'è nella nostra vita, anziché puntare il dito verso l'altro è più utile prendersi le proprie responsabilità cercando di comprendere qual è il nostro conflitto interiore. Quali sono le nostre aspettative consce e inconsce? Quali sono i nostri specchi interiori? La scelta più utile che possiamo fare è accettare l'altro e ciò che è in grado di offrirci sotto forma di amore, attenzioni, gesti affettuosi ecc. È utile aprirsi e dialogare serenamente senza mai accusare l'altro ma semplicemente confrontarsi con tranquillità.

L'aspettativa non è amore puro ma è ego, e attraverso le

aspettative o le condizioni allontaniamo l'altro anziché avvicinarlo. Sembra un paradosso, ma laddove c'è ansia, attesa o paura di non essere amati, si crea una situazione di tensione che non è amica di un sentimento tanto puro e naturale come l'amore. Generalmente l'amore dietro condizioni lo impariamo talvolta dai genitori e cresciamo abituati a chiedere e a pretendere prima di dare, ad avere paura a concedere il nostro cuore e in questo modo creiamo dei muri o dei blocchi che impedisco al fiume dell'amore di scorrere liberamente.

È importante innanzitutto amarsi in prima persona, prendersi cura di se stessi senza che sia l'altro a farlo. Quando ti ami e ti prendi cura di te stesso/a anche l'altro ti ama e si sente attratto/a da te.

SEGRETO n. 18: amare se stessi e l'altro significa sapersi concedere, lasciarsi andare, donarsi, non soltanto fisicamente ma soprattutto a livello sentimentale ed emozionale.

È importante imparare a fare delle sorprese, proporre programmi divertenti, coccolare, dimostrare il proprio amore all'altro senza aspettare che lo faccia lui o lei per primo/a. In questo modo, aprendo il nostro cuore apriamo anche il suo cuore. Cosa vorresti che la tua metà facesse a te? Una carezza? Un dono? Una gentilezza? Inizia tu, fallo tu! Le persone che iniziano a impuntarsi, a chiudersi e a rimanere in attesa, a mostrarsi ferite per istallare nell'altro il senso di colpa nei loro confronti, tendono a controllare la situazione e a creare tensione. Questo non è un atteggiamento vincente e il rischio è l'allontanamento da parte dell'altro.

Quindi è fondamentale non chiudersi in se stessi ma aprirsi all'altro, andare *verso* l'altro e non creare barriere con il sentimento dell'offesa o la richiesta o la ricompensa. L'amore condizionato crea un muro di difesa, come una diga che blocca il fiume dell'amore dall'altra parte. La condizione è un attrito per l'amore. L'amore incondizionato fluisce liberamente e in modo armonioso come un fiume in piena, il fiume dell'energia dell'amore. L'amore incondizionato è libero dalla paura o dalle aspettative. L'amore incondizionato è amore puro e autentico, maturo, naturale.

SEGRETO n. 19: dal momento in cui sei in grado di dare

amore a te stesso in prima persona, senza dipendere dalle azioni altrui, ti apri a ricevere l'amore.

I livelli dell'amore

I quattro livelli dell'amore sono: fisico, emotivo, mentale, spirituale.

Il primo livello dell'amore è il livello fisico. Il livello fisico è superiore al livello istintuale dell'accoppiamento degli animali in quanto l'essere umano non si accoppia solo per riprodursi ma si accoppia anche e soprattutto per il piacere di farlo. Quando la motivazione che spinge verso l'altro parte dal livello fisico siamo al primo livello, il livello di base o istintuale.

Il secondo livello dell'amore è il livello emotivo. Quando si passa dal primo al secondo livello aumenta l'attrazione verso l'altro. Più le persone sono evolute e più salgono di livello. Spesso le donne per far nascere una relazione necessitano di trovarsi almeno al secondo livello, ma è così anche per molti uomini. In questo caso l'attrazione oltre che essere fisica è anche emotiva: interagiscono sensazioni, variazioni chimiche anche attraverso uno sguardo, un suono della voce, un profumo. Emotività e sensazioni che si provano nei confronti di una persona specifica.

Il terzo livello dell'amore è il livello mentale o psichico. Quando la coppia passa al terzo livello ha buone possibilità di complicità e di intesa reciproca. Il rapporto può essere duraturo e importante. Fra due persone si stabilisce un'intesa che oltre a essere fisica ed emotiva è anche intellettuale. Quindi condivisione, scambio, confronto, curiosità e desiderio di conoscenza caratterizzano il terzo livello. Ogni livello dell'amore comprende il livello precedente. Per esempio se fra due persone esiste una buona intesa intellettuale ma mancano la parte fisica ed emotiva si può parlare di una bella amicizia. Nel rapporto di coppia il passaggio al livello successivo include il livello precedente.

Il quarto livello dell'amore è il livello spirituale. La coppia condivide la missione della propria vita, gli scopi comuni percorrono la loro esistenza all'unisono. Il proprio benessere è il benessere dell'altro, la propria gioia è la gioia dell'altro. Esiste comprensione verso l'altro, stima reciproca, gioia, accettazione, amore profondo senza condizioni, un amore privo di ego, privo di dipendenza o di aspettative. Nel quarto livello dell'amore la gioia è data dall'atto di dare all'altro per donare e non per ricevere qualcosa in cambio. Dare per la gioia di dare e non dare per avere, amare per la gioia di amare. Ricevere diventa semplicemente una naturale conseguenza. Il quarto livello è il livello evolutivo più alto che può raggiungere la coppia.

SEGRETO n. 20: l'amore sincero non si basa sui compromessi o le pretese dell'ego, ma sull'accettazione dell'altro.

Esercizio 16 – I bisogni umani: rilassati e fai tre respiri profondi, quindi con calma leggi le domande e cerca di dare delle risposte sincere.

1) Quante volte nella tua vita hai agito spinto/a dal bisogno di certezza e sicurezza, con il desiderio di garantirti la stabilità e la tranquillità? Cerca di ricordarne qualcuna, senza giudizio.

2) Quante volte hai agito spinto/a dal desiderio di uscire dalla noia e dalla routine, desideroso/a di variare la tua esistenza alla ricerca di creatività, novità, col desiderio di rinnovarti? Cerca di ricordarne qualcuna, senza giudizio.

3) Quante volte hai agito spinto/a dal desiderio di sentirti unico/a, speciale, desideroso/a di essere importante per qualcuno/a, di sentirti una persona che vale e che conta? Cerca di ricordarne qualcuna, senza giudizio.

4) Quante volte hai agito spinto/a dal desiderio di sentirti amato/a? Di piacere e di piacerti? Alla ricerca di amore? Alla ricerca di affetto? Desideroso/a di approvazione? Cerca di ricordarne qualcuna.

5) Quante volte hai desiderato migliorarti, crescere a livello personale, imparare, apprendere, conoscere? Cerca di ricordarne qualcuna, senza giudizio.

6) Quante volte hai sentito il desiderio di aiutare gli altri? Di essere utile a qualcuno? Di contribuire al benessere di una persona o di più persone? Cerca di ricordarne qualcuna.

7) Quante volte hai cercato il senso della tua vita? Lo scopo più alto della tua esistenza? La tua vera identità? Cerca di ricordarne qualcuna senza giudizio, solo per cercare di capirti.

Ora prova a rivedere i sette bisogni umani e a pensare quando hai agito alla ricerca della soddisfazione di uno di questi bisogni. Ora pensa alle tue relazioni precedenti. Anche "loro" (lui o lei) hanno agito spinti dalla ricerca della soddisfazione di uno dei sette bisogni umani:

1) Quante volte nella sua vita il tuo compagno o la tua compagna ha agito spinto dal bisogno di certezza e sicurezza, con il desiderio di garantirsi la stabilità e la tranquillità?

2) Quante volte il tuo compagno o la tua compagna ha agito spinto/a dal desiderio di uscire dalla noia e dalla routine, desideroso/a di variare la sua esistenza alla ricerca di creatività, novità, col desiderio di rinnovarsi?

3) Quante volte il tuo compagno o la tua compagna ha agito spinto/a dal desiderio di sentirsi unico/a, speciale, desideroso/a di essere importante per qualcuno, di sentirsi una persona che vale e che conta?

4) Quante volte il tuo compagno o la tua compagna ha agito spinto/a dal desiderio di sentirsi amato? Di piacere e di piacerti? Alla ricerca di amore? Alla ricerca di affetto? Desideroso/a di approvazione?

5) Quante volte il tuo compagno o la tua compagna ha desiderato migliorarsi, crescere a livello personale, imparare, apprendere, conoscere?

6) Quante volte il tuo compagno o la tua compagna ha sentito il desiderio di aiutare gli altri? Di essere utile per qualcuno? Di contribuire al benessere di una o più persone? Qualcuno può pensare che sia un nutrimento dell'ego ma tutti noi abbiamo bisogno di sentirci utili a qualcuno o a qualcosa o per una causa.

7) Quante volte il tuo compagno o la tua compagna ha cercato il senso della sua vita? Lo scopo più alto della sua esistenza? La sua missione di vita? La sua vera identità?

Poniti queste domande in tutta tranquillità e sincerità, alla ricerca di risposte autentiche e obbiettive. Questo esercizio ti mostra che le azioni di ogni persona sono motivate dalla ricerca di soddisfazione di uno dei sette bisogni umani. Ora chiediti:

- Hai mai agito (o non agito) per paura di soffrire?
- Hai mai agito (o non agito) per cercare di proteggerti dalla sofferenza?

Non è utile nascondere la paura. La paura va guardata in faccia e affrontata per poter essere superata. Il coraggio scioglie la paura come neve al sole. Come sentire di essere amore per dare e ricevere amore?

Esercizio 17 – Essere degni di amare e di essere amati: è un esercizio per dare e ricevere l'amore naturalmente e senza condizioni. Ripeti ad alta voce le seguenti frasi con la mano sinistra sul cuore e la mano destra sulla pancia:

Io …. (il tuo nome) ….. mi amo.
Io …. (il tuo nome) ….. sono l'amore.
Io …. (il tuo nome) ….. sono amato/a.
Io …. (il tuo nome) ….. sono pieno/a d'amore.
Io …. (il tuo nome) …. sono degno/a d'amore.
Io …. (il tuo nome) ….. merito l'amore.
Io …. (il tuo nome) ….. merito di essere amato/a.
Io …. (il tuo nome) ….. merito di essere felice.
Io …. (il tuo nome) ….. merito di incontrare l'amore.
Io …. (il tuo nome) ….. sono certo/a che l'amore sta arrivando verso di me.

Esercizio da fare dopo avere incontrato ed esserti relazionato/a con la persona che ti piace:
X ….. (il nome del tuo lui o della tua lei) ….. mi ama

profondamente.

X ….. (il nome del tuo lui o della tua lei) ….. mi ama così come sono.

X ….. (il nome del tuo lui o della tua lei) ….. mi ama e fa del suo meglio con me.

Io …. (il tuo nome) ….. mi amo così come sono e accetto ….. (il nome del tuo lui o della tua lei) ……….. così com'è, incondizionatamente.

È consigliabile ripetere questo esercizio per almeno tre volte. È opportuno effettuare l'esercizio tutti i giorni e comunque tornare all'esercizio sull'amore ogni volta che ne senti il bisogno.

RIEPILOGO DEL GIORNO 4:

- SEGRETO n. 16: comprendere i bisogni umani ci permette di capire maggiormente il comportamento e il sentimento dell'altra persona senza giudicarla.
- SEGRETO n. 17: trovare l'amore dentro se stessi è il punto fondamentale per essere felici in amore. Sei felice quando ami per la gioia di dare e non per aspettarti qualcosa dall'altra persona.
- SEGRETO n. 18: amare se stessi e l'altro significa sapersi concedere, lasciarsi andare, donarsi, non soltanto fisicamente ma soprattutto a livello sentimentale ed emozionale.
- SEGRETO n. 19: dal momento in cui sei in grado di dare amore a te stesso in prima persona, senza dipendere dalle azioni altrui, ti apri a ricevere l'amore.
- SEGRETO n. 20: l'amore sincero non si basa sui compromessi o le pretese dell'ego, ma sull'accettazione dell'altro.

GIORNO 5:
Come aprirsi alla nuova visione dell'amore

La diversità come risorsa

Il confronto è una palestra di crescita. Il confronto è l'incontro e non lo scontro. Il confronto crea l'incontro e ci permette di crescere come persone, completarci, amarci e realizzarci.

Le "differenze" talvolta vengono interpretate con un approccio difensivo, di distacco e di separazione, mentre sono proprio le diversità a creare la completezza, la varietà, la creatività, quindi la crescita, e a stimolare l'interesse reciproco. La nostra curiosità viene incoraggiata, la nostra mente si schiude e così il nostro cuore si apre all'altro.

Noi impariamo e cresciamo fra le nostre diversità, se fossimo tutti uguali non ci sarebbe crescita, non ci sarebbe varietà. È proprio nelle diversità che noi abbiamo la possibilità di imparare e di espandere la nostra vita.

Apprezziamo le attitudini dell'altro, le sue qualità, i suoi talenti, le sue passioni e i suoi interessi, anche se sono diversi dai nostri, i suoi hobby. Non possiamo pretendere che a tutti piacciano le stesse cose che piacciono a noi. Francamente se fossimo tutti uguali sarebbe una noia. Cosa ci sarebbe da imparare?

La creatività nasce dalla ricerca del nuovo, dalla varietà che possiamo tranquillamente trovare e apprezzare all'interno della coppia. Non possiamo pretendere di incontrare una persona che sia simile a noi in tutto.

SEGRETO n. 21: le diversità sono un'opportunità di crescita reciproca, di gioia e di sviluppo. Il confronto crea l'incontro e ci permette di crescere come persone, completarci, amarci e realizzarci.

Impariamo ad amare le persone che hanno passioni anche diverse dalle nostre, non è necessario condividere gli stessi interessi, è sufficiente apprezzare l'attività praticata dalla nostra dolce metà anche solo per il fatto che la rende felice.

Non dobbiamo necessariamente coltivare noi le sue stesse passioni. Un'intesa ideale di coppia è costituita dalla condivisione di una parte di interessi e di passioni e da una parte di interessi e di passioni del tutto personali, che l'altro magari non condivide ma ama e apprezza perché parte integrante di noi, parte della coppia, parte del tutto.

Per esempio, lei ama i film d'avventura o le commedie e lui ama i film d'azione o i thriller, o viceversa. Oppure lei ama la pittura e lui ama le moto. Magari lei segue i reality show e lui segue le partite di calcio. O ancora lui ama andare in palestra e lei ama andare in piscina... e si potrebbe continuare all'infinito. Va bene, è fantastico così, sarebbe impossibile essere tutti interessati alle stesse cose.

Amiamo l'altro mentre si occupa di ciò che ama. Amiamolo perché non è uguale a noi in tutto e questo è bello e costruttivo e crea varietà e interessi nella coppia. Proviamo a fare con lui o con lei cose che non avevamo pensato di fare prima; anziché rifiutare ciò che non conosciamo, sperimentiamo, proviamo e probabilmente ci appassioniamo. Confrontiamoci per imparare dall'altro/a. Impariamo ad ascoltare l'idea o l'opinione dell'altro anziché preoccuparci solo di far conoscere la nostra.

Apprezza lui o lei mentre si entusiasma in un'attività che ama. Amalo, amala proprio perché non è uguale a te in tutto. È proprio questa la cosa più bella in amore. Comprendine l'importanza e lasciati andare. Le diversità sono complementarità utili a "bilanciare" le tue e le sue caratteristiche. Nell'esempio precedente, una persona mattiniera e una persona dormigliona si aiutano vicendevolmente a bilanciare la loro caratteristica che riguarda l'azione di alzarsi al mattino.

Ora riguarda il tuo elenco e ringrazia mentalmente il tuo compagno (o il compagno della reazione precedente se sei sola) o la tua compagna (o la compagna della relazione precedente se sei solo) per le sue caratteristiche complementari alle tue. Entrambi aiutate l'altro nella crescita personale. I tuoi compagni delle relazioni precedenti e le tue compagne delle relazioni precedenti sono stati per te un'occasione di crescita e di maturazione. Che tu lo veda o no, qualsiasi cosa sia avvenuta, grazie a loro hai imparato molte cose. È così per tutti.

Le diversità non vanno intese come opposti ma come complementari:

- non esiste luce senza buio e viceversa;
- non esiste caldo senza freddo e viceversa;
- non esiste giorno senza notte e viceversa.

Gli opposti in realtà sono complementari = yin/yang
Maschio/Femmina = energie maschili/energie femminili

Ricordati che è molto importante valorizzare il tuo uomo o la tua donna, farlo/a sentire amato/a; fallo/a sentire importante, e lui/lei inconsapevolmente ti offrirà la sua parte più bella e ti farà sentire amato/a e felice. Ciò che tutti desiderano dall'altro è "sentirsi bene". Fai in modo che la persona che ti interessa stia bene con te, lui/lei è attratto/a da te se sta bene con te, se tu sai valorizzarlo/a.

Impara l'accettazione e il valore, a comprendere l'altro anziché cercare di cambiarlo, ad apprezzarne le qualità e valorizzarne le parti che ti piacciono anziché rifiutare le parti deboli. Ecco gli errori da non ripetere più! Scopri l'importanza di valorizzare le qualità che ti attraggono.

Accettazione e valore

Quando incontriamo una persona e iniziamo a frequentarci e poi meravigliosamente e miracolosamente ce ne innamoriamo, vediamo nell'altro le cose più belle e inizialmente cerchiamo di dare il meglio di noi stessi e di apparire eccezionali agli occhi dell'altro/a. Lui o lei ci appare come una persona speciale, siamo carichi di emozione, creatività, magia, euforia, gioia. In questo frizzante stato vitale, lo stato magico dell'innamoramento, tutto ci appare più bello, il mondo è incantevole, la vita diventa meravigliosa, in noi si espande un alone di energia vitale positiva e gioiosa.

Durante la fase dell'innamoramento la persona che amiamo per noi è una persona fantastica, unica ed eccezionale. Vediamo e percepiamo nell'altro o nell'altra tutte le caratteristiche più belle e desiderabili. Tutto di lui o di lei è speciale per noi. E poi, cosa accade dopo un po' di tempo? Magari dopo alcuni anni o addirittura dopo qualche mese? Ecco che subentra la confidenza più profonda, la convivialità, l'abitudine della quotidianità ed ecco che la magia iniziale lentamente rischia di scolorirsi e magari di scomparire.

L'eccezionalità del partner diventa normalità, quotidianità, routine. Per quale motivo permettiamo all'entusiasmo di spegnersi? L'altro/a ci appare diverso/a, forse meno luminoso/a ma solo perché siamo noi a vederlo/a come tale e ci relazioniamo con lui o con lei di conseguenza, e agiamo di conseguenza. Una conseguenza alla nostra credenza, solo alla nostra credenza.

Ci ricordiamo un po' meno di tutte quelle belle caratteristiche che ci avevano fatto innamorare di lui o di lei e vediamo la nostra metà con un paio d'occhiali diversi. Prima erano colorati, poi hanno perso colore e magari si sono un po' oscurati. Ed ecco che le sue caratteristiche possono diventare motivo di insofferenza. Qualche volta iniziano le accuse: «Non sei più come prima, sei cambiato/a». E purtroppo si rischia di tramutare il benessere in malessere.

SEGRETO n. 22: focalizzati maggiormente sulle qualità del partner che ti piacciono di più e che ami. Non è utile né produttivo cercare di cambiare l'altro o evidenziare cosa non ti piace.

Può accadere di iniziare a vedere e a percepire nell'altro elementi di insoddisfazione che noi chiamiamo erroneamente "difetti". Eppure siamo sempre le stesse persone di prima.

Cosa è realmente cambiato? Il tuo focus è stato spostato. Quelle doti, quelle caratteristiche che ci avevano attratto verso l'altro e che ci avevano fatto innamorare, hanno lasciato il posto a elementi che creano intolleranza reciproca. Cosa è successo? Uno spostamento di focus!

Ti ricordi quando all'inizio del nostro viaggio abbiamo parlato della realtà percepita coi nostri filtri personali? Ecco, è avvenuto proprio questo, abbiamo spostato il focus e ora guardiamo la nostra relazione da un'altra angolazione. Non permettere mai più che ciò avvenga in futuro! Gli errori sono molto utili perché ci servono per imparare. E se questo è avvenuto durante le fasi delle tue passate relazioni puoi sempre cambiare le cose.

Molte persone cercano di cambiare il proprio partner. Lo vorrebbero più attento, più rapido o più lento, più loquace o più silenzioso, insomma vorrebbero adattarlo a se stessi. Ma non è possibile e non è giusto cambiare le qualità comunicative dell'altra persona. Impariamo ad accettarla così com'è ed ecco che ci mostrerà il suo lato migliore.

SEGRETO n. 23: per evitare di ripetere gli errori del passato con le relazioni precedenti, allenta la presa delle aspettative o del compromesso.

Ti consiglio di fare gli esercizi elencati in questo ebook per rivedere la parte dell'accettazione. Scrivi tutte quelle belle caratteristiche che ti avevano fatto innamorare dei tuoi ex o delle tue ex. Rilassati e scrivi, cosa ti è piaciuto di lui o di lei? Con calma concentrati e scrivi, fai un elenco di quali sono per te le doti che ami in un uomo o in una donna. Quante ne trovi? Ora ti propongo un altro piacevole esercizio. Chiudi gli occhi e prova a tornare indietro nel tempo.

Respira profondamente e prova a ricordare i momenti pieni d'amore, gioia ed entusiasmo, gli episodi nei quali sei stato/a felice in una relazione e ti sei sentito/a pieno/a d'amore. Toccati una spalla mentre provi gioia, mentre sei all'apice della gioia. Il tocco sulla spalla diventa la tua ancora della gioia e in questo modo quando lo desideri puoi riportarti alle sensazioni di gioia toccandoti una spalla.

In PNL vengono usati gli ancoraggi, molto utili per alzare il proprio stato vitale e andare a prendere l'emozione positiva che ti interessa ripristinare. Questa sarà un'ancora che ti riporterà alle sensazioni di amore, di entusiasmo e di gioia. Anziché accusare gli uomini o le donne rimarcando ciò che non ti piace, pensa a ciò che ami di lui o di lei, a ciò che ti piace degli uomini o delle donne.

Focalizzati su ciò che apprezzi negli uomini e nelle donne. Sicuramente troverai moltissime caratteristiche piacevoli. Impara a comprendere l'importanza dell'ironia e dell'autoironia. L'amore ama l'ironia, la giocosità, la gioia e la leggerezza. L'importanza della risata, della condivisione del divertimento e della gioia.

Ironia e autoironia
Spesso tendiamo a prendere la vita di tutti i giorni con pesantezza, mentre quando proviamo a prendere quelle cose, quelle pratiche

da fare, ciò che consideriamo "problemi" con maggiore leggerezza e distacco, i piccoli e grandi doveri quotidiani possono diventare più leggeri, più facili. Un problema può trovare la sua soluzione oppure può essere visto in una modalità diversa e smettere di apparire come un problema.

È così anche nelle nostre relazioni. Talvolta rendiamo pesanti come il piombo fatti o episodi che sono solo delle banalità, quando spesso possono essere leggeri come uno zucchero filato alla fragola. Iniziamo a ridere di noi, delle nostre azioni, della nostra vita, della nostra storia, perché no? Prova!

SEGRETO n. 24: torna a giocare, a ridere, a divertirti in ogni cosa che fai con lui o con lei. Non prenderti sempre troppo seriamente.

La nostra vita, e ovviamente la relazione, trova moltissimo giovamento dall'ironia, dall'autoironia, dal saper ridere di se stessi, dalla leggerezza, dall'aspetto ludico, dal gioco. La risata produce delle sostanze, le endorfine, che vanno nel sangue e alzano il nostro stato vitale, rafforzano il nostro sistema immunitario, ci rendono più euforici e ci caricano di energia vitale. Tutto questo è una grazia per il rapporto a due.

La prossima volta che incontri un uomo o una donna conserva un umore leggero e divertente, anche giocoso nel rispetto della situazione, lui o lei non potrà non apprezzare una persona come te che lo/a fa stare bene.

Ti propongo un gioco valido solo se hai già una relazione, utile in futuro se sei in attesa di una persona. Se desideri dire al tuo compagno o alla tua compagna qualcosa di lei o di lui che non ti piace, è possibile rendere la cosa divertente e farlo diventare un gioco. È importante che sia un feedback assolutamente non offensivo ma gioioso e costruttivo.

Vi potete vestire entrambi in modo buffo, con indumenti colorati a strisce o a pois, per esempio abbigliandovi in modo da sembrare dei clown, magari mettendo una pallina rossa sul naso, un po' di rosso sulle guance e qualcosa di colorato in testa, una parrucca di Carnevale, magari una di quelle ricce e colorate che si usano per i party oppure un cappellino di Capodanno, come desideri tu.

Se ti fa piacere potete simulare una coppia buffa, per esempio Topolino e Minnie o Paperino e Paperina. Oppure Jessica Rabbit e il coniglio, o magari Stanlio e Olio. Scegli ciò che piace a entrambi e che vi diverte. Poi con aria allegra, anche comica perché no?, e festosa, uno alla volta vi dite quello che vi piace di meno dell'altro, sempre in un'atmosfera assolutamente divertente e giocosa. Lui dice una caratteristica che gli piace meno di lei, quindi lei ascolta, sorride e ringrazia per il feedback e poi tocca a lei dire a lui la caratteristica che le piace meno di lui; lui ascolta, sorride e ringrazia per il feedback e poi tocca di nuovo a lui. E il giro riprende e continua. Potete stabilire di dire cinque caratteristiche a testa oppure dieci caratteristiche a testa, sempre in alternanza.

È fondamentale che l'atmosfera rimanga sempre ironica e giocosa. È molto utile ridere e divertirsi durante questo gioco. Impariamo a sdrammatizzare e ciò che pensiamo essere dei problemi diventano più leggeri fino a dissolversi. Mutiamo la nostra percezione e rendiamola gioiosa e gradevole. Impariamo a ridere delle piccole cose e magari anche di quelle che ci appaiono più grandi. Anziché trasformare un granello di sabbia in un pesante macigno proviamo a pulirlo e a guardarlo meglio, magari ora possiamo vedere un diamante.

SEGRETO n. 25: nella coppia è utile imparare a sdrammatizzare i problemi e comunicare allegria e leggerezza. Ricorda che come tu vuoi stare bene anche l'altro desidera stare bene con te.

Ridere fa bene alla coppia, impariamo a divertirci, a ridere, diamo tutti maggiore importanza al lato ludico di un rapporto e della nostra stessa vita. Quando incontri un uomo che ti interessa o una donna che ti interessa, fai in modo che lui/lei stia bene con te, che le sue emozioni siano gioiose. Ecco che lui/lei potrà mostrarti il meglio, non perché sei tu a chiederlo, ma perché lui/lei si sente bene con te e ti mostra il meglio di sé.

Esercizio 18 – Creatività delle diversità: elenca alcune caratteristiche che differiscono fra te e il tuo compagno o la tua compagna o che si differenziavano in passato fra te e la persona con la quale hai avuto una relazione. Esempio:
- io mi alzo presto alla mattina;

- lui ama dormire fino a tardi.

Ora tocca a te:

Io:

....
....

Lui/lei:

....
....

Io:

....
....

Lui/lei:

....
....

Io:

....
....

Lui/lei:

....
....

Esercizio 19 – Accettazione e valore: all'inizio di un rapporto tendiamo a vedere nell'altro le cose più belle, poi passiamo all'altro lato della medaglia.

Ricorda tutte quelle belle cose che ti hanno fatto innamorare di lui/lei nel tuo passato, o tutte quelle cose che ti piacciono in un uomo o in una donna. Fai un elenco di tutte le caratteristiche di lui/lei che hai ami e che ti piacciono di più in un uomo o in una donna.

Amo gli uomini o le donne perché:
....

Amo gli uomini o le donne perché:
....

Amo gli uomini o le donne perché:
....

Amo gli uomini o le donne perché:

....

Pensa a una persona che ti piace o che ti è piaciuta nel passato. Mi piace di lui/lei:

....

....

Focalizzati su tutte le caratteristiche più belle, che ami e che ti hanno fatto innamorare. Sposta il tuo focus verso la sua luce e l'ombra sparirà da sola.

Esercizio 20 – Ironia e autoironia: l'importanza di ridere sui problemi, ridere degli eventi piuttosto che preoccuparsi, ridere di te stesso/a, prendersi alla leggera. Rendere leggera la vita anziché pesante. Sdrammatizzare i fatti apparentemente neri o grigi e colorarli di gioia. Molto spesso siamo proprio noi stessi a dare un peso a eventi che non lo hanno affatto. Ora prova per un istante a tornare per l'ultima volta a un episodio avuto con un tuo compagno o una tua compagna, un fatto che ti disturba ancora o che ti ha fatto soffrire.

Prova ora a cambiare la scenografia di quella situazione. Immagina lui/lei vestito/a da clown, con una parrucca riccia e colorata, una tunica a righe o a pois, delle scarpe colorate e lunghissime. Il volto truccato e il naso rosso con un pallino. Tante stelle filanti intorno e una musica da circo di sottofondo. Rendi le sue parole prima molto lente, poi sempre più veloci, e sempre più veloci, velocissime, fino a quando l'episodio ti sembra ridicolo.

Se si tratta di una discussione o un litigio, immagina tu e lui/lei vestiti e truccati da Paperino e Paperina o da Topolino e Minnie, o da Topo Gigio e Topina Gigia o comunque una coppia buffa dei fumetti o dei cartoni animati. Come sottofondo immagina una musica divertente e odi le vostre voci esattamente come le voci dei personaggi dei fumetti, sempre più rapide, sempre più veloci fino a diventare incomprensibili. Ridi dell'accaduto e renditi conto di quanto è stato buffo e insignificante.

RIEPILOGO DEL GIORNO 5:

- SEGRETO n. 21: le diversità sono un'opportunità di crescita reciproca, di gioia e di sviluppo. Il confronto crea l'incontro e ci permette di crescere come persone, completarci, amarci e realizzarci.
- SEGRETO n. 22: focalizzati maggiormente sulle qualità del partner che ti piacciono di più e che ami. Non è utile né produttivo cercare di cambiare l'altro o evidenziare cosa non ti piace.
- SEGRETO n. 23: per evitare di ripetere gli errori del passato con le relazioni precedenti, allenta la presa delle aspettative o del compromesso.
- SEGRETO n. 24: torna a giocare, a ridere, a divertirti in ogni cosa che fai con lui o con lei. Non prenderti sempre troppo seriamente.
- SEGRETO n. 25: nella coppia è utile imparare a sdrammatizzare i problemi e comunicare allegria e leggerezza. Ricorda che come tu vuoi stare bene anche l'altro desidera stare bene con te.

GIORNO 6:
Come amare se stessi per amare l'altro

In genere all'inizio di una relazione la propria presenza fisica e la propria immagine vengono curate in modo particolare. Poi con l'abitudine talvolta si perde la cura di sé. Questo non riguarda solo l'immagine esteriore ma il modo col quale ci presentiamo all'altro.

Quanto siamo attraenti e desiderabili, sia dal punto di vista della propria persona sia come affettività, atteggiamenti, simpatia, eros, comunicatività? Prova a ricordare i primi tempi delle tue passate relazioni, quando ci si conosceva da poco e ci si iniziava a piacere, quando l'amore nelle tue relazioni precedenti era agli inizi, o quando volevi conoscere e conquistare qualcuno.

Quanto curavi l'immagine di te stesso/a? Ci tenevi a essere nella tua forma migliore? Ci tenevi a comunicare sensazioni piacevoli all'altro/a? Eri curato/a e in ordine con lui o con lei? E poi con la confidenza e l'abitudine in alcuni casi può accadere di lasciarsi andare... È anche vero che quando ami una persona la ami sia che si metta in stile *9 settimane e ½*, sia che indossi vestaglia e pantofole, questo lo sappiamo. La cosa importante è che la seconda versione non diventi la prassi quotidiana. Lo stesso vale per l'uomo. Spesso all'inizio del rapporto amoroso l'uomo è brillante, passionale, con tante idee, iniziative, e poi cosa succede? In tuta e pantofole davanti alla televisione? Certo non c'è niente di male, ma quando è sempre così? Cosa succede all'interno della coppia?

È vero che quando lui lavora tutto il giorno alla sera è stanco, e magari non vede l'ora di mettersi comodo sul divano. Certamente va bene, ma magari tornare ad avere un'iniziativa brillante ogni tanto, come accadeva all'inizio, sarebbe certamente molto meglio! Creatività, fantasia: aggiungiamo un po' di condimento per insaporire la nostra relazione.

SEGRETO n. 26: è importante continuare a essere attraenti e magnetici l'uno per l'altra, senza adagiarsi o dare le cose per scontate.

Continuare a essere gioiosi e a curare la propria persona anche quando i "primi tempi" sono alle spalle, dipende solo da noi stessi e sappiamo che possiamo farlo. Continuiamo a vivere la nostra nuova storia come se fossimo sempre attraenti ed entusiasti come nei primi tempi.

È importante dare un'immagine di se stessi/e gradevole e desiderabile, in ordine. È altrettanto importante avere comportamenti gradevoli, dolci, affettuosi, divertenti, a seconda del momento, prendersi per mano, accarezzarsi, abbracciarsi, baciarsi. Fare una passeggiata insieme, guardare un film e poi commentarlo insieme, leggere un libro e poi commentarlo insieme. Condivisione piacevole, gradevole, che abbiamo avuto e che possiamo avere! È importante che la relazione sia sempre stimolante, non solo all'inizio, ma anche dopo, superati gli inizi, e che possa continuare a essere sempre interessante, eccitante, entusiasmante.

Amare se stessi
È importante amare se stessi in prima persona anziché aspettarsi che sia l'altro a darci l'amore che manca. Questo è un punto

importantissimo e viene ripetuto sovente per ciò che riguarda le relazioni affettive. Per essere amato devi prima amare te stesso. Per aspettarti l'amore dal tuo uomo o dalla tua donna, è importante che tu sia la prima persona che si ama e si rispetta. Una persona che non si ama abbastanza non può aspettarsi di essere amata da qualcun altro. Non può pretendere che il suo vuoto interiore sia colmato da un'altra persona, occorre farlo per primi.

Molte donne soffrono per un uomo che le tradisce, che sparisce, che le tratta male e dicono di amare l'uomo che a detta delle loro convinzioni le fa stare male. In realtà sono loro stesse a non amarsi abbastanza. Sono loro stesse che si fanno del male, non è l'uomo verso il quale puntano il dito o che vorrebbero cambiare. La regola d'oro dell'amore è:

Ama te stessa prima che sia l'altro a farlo.
Ama te stesso prima che sia l'altra a farlo.

L'amore di una persona che ti piace nei tuoi confronti e verso la tua persona sarà una naturale conseguenza del fatto che tu ti ami e che sei consapevole di essere amore e di meritare l'amore. Per ricevere amore è fondamentale "essere amore" e quindi emanare noi stessi amore. Se noi non ci amiamo o non ci stimiamo, come possiamo pretendere che lo facciano gli altri? Se non hai stima in te stessa, come puoi pensare che un uomo ti stimi? Se non hai fiducia in te stesso, come puoi pensare che una donna abbia fiducia in te? Se non ti piaci, come puoi pensare di piacere a lui o a lei? Se noi non ci piacciamo o non ci stimiamo per primi, come possiamo pensare che lo facciano gli altri?

Gli altri non possono colmare i nostri vuoti interiori. Dobbiamo farlo noi stessi per primi. Dobbiamo imparare ad amarci in prima persona, se desideriamo che gli altri ci amino, se vogliamo che l'amore giunga a noi. Siamo noi in prima persona che dobbiamo imparare a colmare gli eventuali vuoti e solo quando ci sentiamo ricchi di amore e di autostima l'altro ci può amare e ci può stimare.

SEGRETO n. 27: prenditi cura di te stesso/a, della tua salute, del tuo corpo, del tuo tempo libero. In questo modo manifesti l'amore per te stesso e sei tu stesso "amore".

Coltiviamo i nostri hobby, le nostre risorse. Quando una persona si piace e si ama, anche gli altri ne sono attratti e la amano. Non significa essere narcisisti e non significa nemmeno essere presuntuosi.

L'amore per se stessi è il primo amore. Quando siamo ricchi d'amore possiamo dare e ricevere amore perché l'amore fluisce nella nostra vita. È importante sentirsi una persona ricca d'amore per desiderare di avere una relazione d'amore nella quale fluisca l'amore. Se non ti senti abbastanza amato/a, ricordati di amare te stesso per primo/a. Tu sei la prima persona che si accetta, si apprezza, si stima, che ama se stesso/a.

Solo in questo modo anche un uomo o una donna potrà accettarti così come sei, apprezzarti così come sei, stimarti e amarti. Se non ti ami abbastanza significa che hai bisogno di elevare la tua autostima. Il rischio di una mancanza di amore per se stessi o di autostima è di incontrare uomini o donne che non sono in grado di renderti felice come desideri. Non perché siano malvagi ma perché tu non ti ami e quindi non credi in te stesso o in te stessa.

Occupati di te stesso/a senza preoccuparti di quanto possa farlo un altro. Mostra maturità occupandoti di te stesso/a, della tua persona e della tua vita. L'amore arriva a fiumi quando non lo pretendi, quando non sei in attesa riguardo il comportamento altrui, quando ti liberi dall'aspettativa e dal giudizio, quando non ti preoccupi del comportamento dell'altro nei tuoi confronti, quando non poni condizioni.

Non prendere niente sul personale, le persone proiettano sugli altri le proprie questioni irrisolte. Abbiamo visto che gli altri sono uno specchio di noi stessi. Non pretendere l'amore, l'amore è un sentimento che ha bisogno di fluidità e naturalità. Non pretendere prove. L'unica prova è dentro di te, nella tua convinzione di amarti e di meritare l'amore. Di essere tu stesso/a amore, questa è l'unica vera grande prova che ti appartiene. Non fare mai sentire l'altro pressato, non metterlo/a mai alle strette, si rivelerebbe controproducente.

Un proverbio dice: «Non ci sono catene più salde che lasciare all'altro la libertà». Dimostra comprensione e fiducia, dimostra che tu stesso/a sei pieno/a di risorse, che la tua vita è piena d'amore e che non dipendi dall'approvazione dell'altro/a. La persona che stai conoscendo, con la quale ti stai relazionando e che si sta relazionando con te, ti apprezzerà di più e avrà maggiormente il desiderio di stare vicino a te in quanto sentirà la tua serenità. E questo la farà stare bene. E quando l'altro/a sta bene con te vuole stare con te, ha piacere a stare con te.

Non "pretendere" l'amore dalle altre persone, mai! L'amore ti viene donato ma non lo puoi pretendere. Sii tu per primo/a a concederlo, a mostrarti gentile, a mostrare la tua gratitudine per ciò che fanno i tuoi amici, lui/lei, la persona che ti interessa.

Ricordati di perdonare te stesso e di lasciare andare i ricordi passati che ora non ti servono più. È fondamentale avere fiducia in se stessi, avere fiducia nelle altre persone, avere fiducia nell'amore.

Forse ora ti stai chiedendo: «Ma se in passato sono stata ferito/a, ora come posso avere fiducia?» La sensazione di sentirsi ferito/a deriva da una tua aspettativa e non dall'altro/a. Perdonando e avendo fiducia guarisci le antiche ferite emotive e affronti il tuo presente e futuro in un modo nuovo. Lascia andare per sempre le sensazioni negative e apri le porte all'amore. L'amore guarisce tutto, inizia tu a dimostrare amore all'altro/a. Se sei all'inizio di una relazione fallo con la giusta discrezione, ma osa! Dare senza chiedere! Le persone amano offrire spontaneamente e non sotto richiesta. Abbi fiducia nel grande potere dell'amore. Ti senti amato/a, sempre e in ogni istante, perché hai diritto di essere amato/a, la tua stessa vita è un simbolo d'amore. Impara ad amarti più di quanto possano fare gli altri.

Se non impari ad amare te stesso/a in prima persona, ti troverai sempre in uno stato di bisogno, e la tua felicità dipenderà dagli altri e dalle loro azioni. Non permetterlo, questo a lungo andare crea frustrazione e tensione, toglie energia e rende deboli. Renditi forte, dunque, ama te stesso/a, amati e accettati così come sei, sempre e a prescindere dagli eventi esterni o dalle azioni altrui.

SEGRETO n. 28: quando sei libero/a dalla dipendenza affettiva sei emotivamente maturo/a e l'amore è in grado di fluire nella tua vita e nel tuo rapporto di coppia come un fiume in piena.

La casa e l'ambiente

È importantissimo migliorare la propria vita personale, il proprio ambiente, la propria casa, i propri spazi, la propria energia fisica ed emotiva. È molto importante circondarsi di energia positiva, sana e pulita, e sbarazzarsi del passato oramai non più utile e di tutte quelle energie bloccate. Le azioni da compiere per migliorare il tuo spazio sono:

- liberare gli angoli nascosti dalla polvere, la polvere blocca il fluire dell'energia vitale universale;
- buttare via tutte le cose vecchie che non servono: gli oggetti riposti nei cassetti magari da anni e che non vengono più utilizzati, che bloccano le energie, i vecchi vestiti che riempiono l'armadio e che non usi più, le vecchie scarpe;
- sbarazzarsi di tutti i ricordi degli amori precedenti, degli ex e delle ex (foto, regali, oggetti); eliminare quel passato che non esiste più;
- esporre fotografie che rappresentano la coppia felice. Un viaggio, un tramonto, delle farfalle o delle colombe bianche, immagini di fiori, specie rose rosse, immagini di cuori, un bacio, un abbraccio, persone che ridono, un momento di allegria, un ballo;

- in camera privilegiare i colori: rosso vivace e non cupo, l'arancio e il rosa in tutta la sua gamma cromatica;
- curare il proprio aspetto fisico, la propria autostima e riempirsi di fiducia in sé e nel sesso opposto.

Ricorda che è importante:
- essere sempre in ordine e presentarsi mostrando cura di se stessi e della propria persona, anche solo per se stessi;
- dimostrare rispetto per gli spazi frequentati dagli altri e per gli oggetti personali di chi stai frequentando; dimostra rispetto e amore per tutte quelle cose che lui o lei ama;
- riordinare gli ambienti più frequentati; è giusto che siano ordinati e puliti senza mai eccedere nel maniacale.

La parola d'ordine è: vivibile! Se un disordine eccessivo può dimostrare trascuratezza, un ordine a livello eccessivo potrebbe mettere altrettanto a disagio un'altra persona, mentre è importante che possa trovarsi a suo agio nell'ambiente che condivide con te e che possa sentirsi completamente rilassato/a, nel tuo e nel suo ambiente.

SEGRETO n. 29: prenderti cura dello spazio in cui vivi significa avere amore per te stesso/a. Prenderti cura dello spazio in cui ricevi è amore per l'altro/a.

Ricorda: è importante buttare via tutto ciò che è oramai vecchio e liberarti di tutte quelle cose inutili che non ti servono più. Buttare via le cose vecchie a livello energetico significa fare spazio al nuovo. È utile rinnovare la casa anche cambiando la posizione di mobili e oggetti. Si rivela efficace posizionare delle ancore positive, per esempio le foto dei momenti felici passati insieme tu e lui/lei.

Il tempo libero
È importante ritagliare del tempo libero per se stessi. Siamo tutti consapevoli di vivere in una società frenetica e densa di impegni quotidiani, doveri e tempi stretti da rispettare. Si tende a rimandare e a procrastinare ciò che non appare "urgente".

La vita privata lentamente potrebbe soffrire di questa trascuratezza apparentemente non voluta. Fermati! Al di là di tutti i tuoi impegni e i tuoi doveri tanto urgenti, prova a porti le seguente domande. E ora proviamo a fare questo esercizio di consapevolezza insieme. Fermati per un momento, rilassati e respira profondamente; ora prova a rispondere alle seguenti domande, sinceramente:

- Quali sono i tuoi valori principali?
- Cosa desideri veramente nella tua vita?
- Come immagini la tua vita sentimentale?
- Per chi e per cosa vale la pena vivere?
- Su quale gradino della mia scala dei valori posiziono l'amore?
- Quanto mi dà gioia cercare di fare piacere all'altro/a?
- È importante per me l'affetto?
- Quanto conta per me la passione?
- Quanto conta per me il mio tempo libero?
- Quanto conta la mia persona?
- Quanto contano per me lo svago e il divertimento?
- Quanto è importante per me incontrare la mia metà?
- Sto vivendo come vorrei realmente vivere?

E ora, dopo che hai risposto e hai iniziato a essere consapevole di ciò che desideri veramente, chiediti se stai facendo tutte le azioni necessarie per potenziare ciò che ritieni abbia valore nella tua vita.

SEGRETO n. 30: prenditi i tuoi spazi e il tuo tempo. Ama la tua vita. Coltiva i tuoi interessi personali per dare entusiasmo alla tua vita.

Se stai già frequentando qualcuno che ti interessa, se hai già un amore in corso, occupati di chi ami e di chi ama. Prendi i tuoi/vostri spazi quotidiani. Per lui o lei e per te stesso/a.

Una volta alla settimana, o quando lo desideri, proponi una sorpresa, per esempio una cena in un ristorantino tipico o a lume di candela, oppure una serata divertente in un locale ad assistere a uno spettacolo comico per poter ridere insieme, a teatro o al cabaret, a un concerto, o al cinema, dove vi piace di più. Anche andare insieme a fare una bella passeggiata. Una buona idea è portare a casa una sorpresa, qualcosa per cena: una torta, una pizza, in fondo basta così poco! Un piccolo gesto può fare tanto.

Stupiscilo! Stupiscila! Osa! Non temere, l'amore vince sempre.

Con equilibrio e senza pretese, dimostra spontaneamente il tuo amore! Dimostra alla tua metà quanto gli/le vuoi bene, quanto amore c'è dentro di te per la persona che hai al tuo fianco. Fallo/a sentire amato/a, fallo/a sentire importante. Abbraccialo/a, guardalo/a negli occhi con lo sguardo pieno d'amore. Prendigli/le la mano, prova a coccolarlo/a, ad apprezzarlo/a, a fargli o a farle i complimenti, a fare sentire alla persona che ti piace quanto è speciale per te.

Se la relazione è già iniziata, dimostra a lui o a lei quanto amore c'è in te, lasciati andare, non risparmiarti, non avere paura, non limitarti. Non temere, sii te stesso/a senza paure. Quante relazioni finiscono per le belle parole non dette, per l'amore non dimostrato, per i bei gesti non fatti, è davvero un peccato.

Vedrai che lui o lei ti dimostrerà tutte le sue parti migliori, ti dimostrerà tutto l'amore che desideri e che meriti e cederà al bello che gli/le porti! Concederci a lui o a lei è un diritto sia per noi che per l'altro/a, così com'è un diritto di tutti essere felici. Ciò che tutti cercano è essere amati. Ciò che tutti desiderano è essere felici. Essere amati ed essere felici è un diritto umano oltre che un bisogno. Tu meriti di essere felice.

Esercizio 21 – L'immagine di se stessi: ricordi i primi tempi con lui/lei? Com'era la tua immagine, sia esteriore sia a livello comunicativo? Desideravi piacergli/le? Cercavi di essere desiderabile? Col tempo hai perso o hai acquisito la tua parte attrattiva? Sicuramente ora tu e lui/lei vi conoscete meglio, vi capite di più.

Cosa ha perso e cosa ha acquisito la tua parte attrattiva? È importante ora valorizzare tutte quelle qualità e quelle risorse che col tempo avete acquisito, e recuperare l'entusiasmo di piacere dell'inizio con l'aggiunta di una maggiore conoscenza, di una maggiore comprensione, di un maggiore affetto. Quali azioni desideri applicare ora per curare maggiormente il tuo aspetto e la tua persona?

Esempi:
- voglio iscrivermi in palestra per essere più tonico/a;
- voglio mangiare di meno per perdere qualche chilo;
- voglio cambiare taglio di capelli;

- voglio curare meglio l'aspetto quando sono a casa con lui/lei.

Ora tocca a te:

....

....

Esercizio 22 – Amare se stessi: ora respira profondamente, e con la mano sinistra sul cuore e la mano destra sulla pancia, ripeti a te stesso/a le seguenti frasi:

Io ….. (il tuo nome) ……. sono l'amore.
Io ….. (il tuo nome) ……. mi amo e mi accetto completamente.
Io ….. (il tuo nome) ……. sono degno/a d'amore.
Io ….. (il tuo nome) ……. sono degno/a di essere amato/a.
Io ….. (il tuo nome) ……. mi amo e merito l'amore.
Io ….. (il tuo nome) ……. irradio amore perché sono amore.
Io ….. (il tuo nome) ……. attraggo a me l'amore perché sono amore.
Io ….. (il tuo nome) ……. sento scorrere l'amore in tutto il mio corpo.
Io ….. (il tuo nome) ……. emano amore con tutto il mio essere.
Io ….. (il tuo nome) ……. sono amore e questo mi fa sentire

sereno/a, felice, e tranquillo/a con me stesso/a.

Ripeti più volte queste frasi fino a quando ti senti amato/a e provi un senso di beatitudine e di certezza nei confronti dell'amore. Come ti senti? Senti di essere sereno/a nei confronti dell'amore? Senti di meritare l'amore, di amare e di essere amato/a?

Esercizio 23 – La casa e l'ambiente: nella tua o vostra casa si trovano ancora oggetti che non usi mai? Ci sono ancora vecchi regali di ex? Negli armadi ci sono ancora vestiti datati che non usi mai? Possiedi ancora scarpe vecchie che non usi da anni?

È utile sbarazzarsi subito delle cose vecchie e inutili, permette all'energia di casa tua di essere maggiormente pulita e scorrevole. Il messaggio che mandi all'universo è di fluidità, energia vitale, gioia, rinnovamento. Hai mai pensato di colorare le pareti di casa? O di spostare qualche mobile? Di decorare il centro della tavola con un mazzo di fiori? Di accendere un incenso al profumo degli agrumi o delle spezie? Quali sono le azioni che desideri intraprendere per rinnovare il tuo spazio e il tuo ambiente?

………………………………………………………………

....

Esercizio 24 – Il tuo tempo libero: sappiamo che gli impegni quotidiani sono sempre tanti. Sovente vengono trascurati gli affetti, il tempo libero e le parti piacevoli della vita, per rincorrere impegni e doveri continui.

Ora chiediti: vale la pena lasciare sempre in fondo come fanalino di coda il motivo per il quale viviamo: la felicità, l'amore, la serenità? Fai una scaletta e metti in ordine queste aree della vita (elencate senza un ordine), partendo dal settore che secondo te è maggiormente importante e stilando la tua priorità personale:
1) lavoro – denaro – famiglia – amore e passione – svago e tempo libero – spiritualità – salute e benessere – contributo agli altri – amicizie – area libera a tua scelta.
2) ....
3) ....
4) ....
5) ....
6) ....
7) ....

8) ....
9) ....
10) ....

Ora riguarda le aree così come le hai posizionate. Stai vivendo come desideri? Sii sincero/a! È molto importante. E ora osserva. A quale livello hai posizionato l'amore? Nella tua scaletta personale, l'amore si trova a un piano più alto rispetto alla tua vita attuale? Se sì, è importante per te dare alla tua vita privata di relazione maggiore spazio.

RIEPILOGO DEL GIORNO 6:

- SEGRETO n. 26: è importante continuare a essere attraenti e magnetici l'uno per l'altra, senza adagiarsi o dare le cose per scontate.
- SEGRETO n. 27: prenditi cura di te stesso/a, della tua, della tua salute, del tuo corpo, del tuo tempo libero. In questo modo manifesti l'amore per te stesso e sei tu stesso "amore".
- SEGRETO n. 28: quando sei libero/a dalla dipendenza affettiva sei emotivamente maturo/a e l'amore è in grado di fluire nella tua vita e nel tuo rapporto di coppia come un fiume in piena.
- SEGRETO n. 29: prenderti cura dello spazio in cui vivi significa avere amore per te stesso/a. Prenderti cura dello spazio in cui ricevi è amore per l'altro/a.
- SEGRETO n. 30: prenditi i tuoi spazi e il tuo tempo. Ama la tua vita. Coltiva i tuoi interessi personali per dare entusiasmo alla tua vita.

GIORNO 7:
Come prepararsi a incontrare il vero amore

Se sei in attesa della persona dei tuoi sogni o desideri incontrare qualcuno, i luoghi per incontrarsi possono essere davvero tanti, e talvolta inaspettati. Come sempre ciò che conta veramente è come sei dentro di te, se sei tranquillo/a, sereno/a, aperto/a alla relazione, pronto/a. Se sì, l'incontro sarà del tutto naturale, spesso avviene proprio quando non te lo aspetti e non lo stai cercando.

Proprio perché la naturalezza, il vivere il "qui e ora" in qualunque luogo ti trovi, la mancanza di aspettative, la mancanza di attaccamento, il fatto di "non stare troppo a pensarci", la spensieratezza, la gioiosità, l'energia positiva, sono le condizioni ideali che possono far nascere l'incontro.

- Sei pronto o pronta per la relazione felice?
- Sei pronto o pronta per lasciarti andare all'amore vero?
- Ti ami abbastanza?

- Ti coccoli abbastanza?
- Ti prendi cura di te stesso/a?
- Ti senti veramente libero/a di amare qualcuno?
- Desideri davvero essere amato/a?
- Ti senti tranquillo/a all'idea di essere nella relazione?
- Ti sei liberato/a dal passato non utile al tuo presente?
- Hai fiducia in te stesso/a?
- Hai fiducia negli altri?
- Credi nell'amore degli uomini?
- Credi nell'amore delle donne?
- Credi in te stesso/a?
- Stai bene con te stesso/a?
- Stai bene con gli altri?
- Ti poni positivamente?
- Vuoi davvero essere finalmente felice?

Se hai risposto sì a tutto, sei pronto/a per l'amore!

SEGRETO n. 31: vivi il "qui e ora", cerca di essere naturale e spensierato/a senza forzature o aspettative. È l'atteggiamento ideale per prepararsi all'incontro.

I posti migliori sono sempre quei luoghi frequentati dai propri amici, in modo che sia semplice incontrarsi attraverso presentazioni: feste di compleanno, aperitivi, cene, eventi ecc. Altrimenti, occorre rompere il ghiaccio. Buttati, non temere! Non hai niente da perdere!

I luoghi maggiormente indicati sono: la palestra (oramai un classico), la piscina, il self service all'ora di pranzo, il bar, il supermercato, il centro commerciale, il posteggio, il cinema, il treno e nel caso della città il mezzo pubblico (tram, metropolitana, autobus), la festa di compleanno con amici e amiche, un evento particolare. Benissimo anche i corsi, il corso di danza caraibica, il corso di ballo, o corsi di discipline che ti piacciono. Oltre a essere un buon motivo per svagarsi e coltivare una passione che ti piace puoi incontrare la persona giusta.

Decidi tu cosa ti piace secondo i tuoi gusti: nuoto, tiro con l'arco, tennis, golf, nordic walking, oppure scegli un corso di pittura, di giardinaggio, di bonsai. In palestra puoi seguire un corso di aerobica, di pilates, in piscina puoi fare acquagym, oppure se ami le discipline orientali puoi frequentare un corso di meditazione, di tai chi, di chi kung, di hata yoga. Scegli tu stesso/a ciò che ti stimola maggiormente, ovviamente è molto importante che ciò che decidi di fare non sia una forzatura solo per incontrare qualcuno, ma che sia un piacere che stai facendo per la tua persona.

Se sei una donna prova una disciplina yang come il tiro con l'arco o il nordic walking, e troverai molti uomini al corso. Sempre se le discipline ti piacciono. Partecipa ai corsi con interesse e con disinvoltura.

SEGRETO n. 32: usa la fantasia e prova a frequentare luoghi inusuali per te o posti ai quali non avevi pensato prima per aprirti alle possibilità, alla scoperta e al nuovo.

Se sei un uomo prova una disciplina aggraziata e yin come l'aerobica o il pilates, per esempio, e troverai molte donne al corso. Sempre se le discipline ti piacciono. Partecipa ai corsi con interesse e con disinvoltura.

Incontrarsi su Internet

Oggi accade sempre più spesso che ci si incontri sul web. Dove puoi trovare le persone e come puoi presentarti? Come puoi compilare il profilo giusto?

Innanzitutto è utile scegliere dei siti eterogenei come argomenti, che non siano siti prettamente di incontri, può essere utile frequentare forum o community. Sono da evitare, perché poco raccomandabili, profili imprecisi senza foto o con foto di paesaggi o floreali, eroi dei cartoons ecc.

Sono sconsigliabili i nickname indefinibili e imprecisati, mediante i quali spesso le persone tendono a camuffarsi: toro72, fragola77, dolcetto25 ecc., e preferire assolutamente la sincerità e la spontaneità.

Non hai niente da nascondere, non hai niente di cui vergognarti, è importante che tu lo sappia e che lo senta dentro di te; un profilo con l'immagine di una fatina o di una bomba sexy, oppure di Superman, con un nickname di fantasia, cosa cerca di comunicare a livello subconscio? «Non mi va di dirti chi sono, prima fallo tu, io intanto me ne sto nascosto dietro a un monitor, se mi va mi rivelo, altrimenti no».

Può essere vincente una comunicazione di questo tipo? Ovviamente no! Il palleggio dei misteri continua fino a quando non si interrompe prima di essersi potuti veramente scoprire. E in genere questa brusca interruzione anticipata avviene molto presto, precludendosi così la possibilità di poter conoscere meglio una persona che potrebbe essere valida per te.

Questo gioco è ancora molto frequente in Internet, specie in Italia; nonostante siamo in un millennio di avanguardia tecnologica, inconsciamente esso nasce dalla diffidenza e dalla paura. È diffusissimo su molti siti e portali web, e purtroppo è importante ammettere che mascherarsi e rimanere dietro le quinte per vedere cosa può succedere non è utile a nessuno e non offre nessun risultato diverso dal passatempo fine a se stesso.

Può rivelarsi molto più efficace e maggiormente utile pubblicare una tua bella fotografia, reale, sincera, vera, solare, positiva, sorridente, che sia un ritratto o una figura intera. Essere te stesso/a così come sei in assoluta serenità e sincerità è sempre una vittoria, in ogni frangente e soprattutto nelle presentazioni. La sincerità è sempre vincente e la mancanza di protezioni ingannevoli ripaga sempre. La protezione deriva dalla diffidenza, figlia della paura. E la paura è l'opposto dell'amore. È difficile trovare amore se l'energia emanata è quella della paura. Ricorda che i simili si attraggono, quindi se tendi a mascherarti avvicinerai a te una persona che tende a mascherarsi.

SEGRETO n. 33: se utilizzi il web per incontrare qualcuno è molto più efficace se sei sincero e se mantieni la tua identità in modo solare, naturale e spontaneo, come se fossi "dal vivo".

Puoi utilizzare tranquillamente il tuo nome, può essere anche solo un nickname, e ovviamente cerca la soluzione che sia a disposizione. Magari ti trovi a dover aggiungere un numero per mancanza di disponibilità verso il nickname scelto o che sia come il tuo nome. È utile che sia il più possibile veritiero.

Compila con cura il tuo profilo, con la tua città, la tua data di nascita, il tuo lavoro e una breve descrizione sincera. Mentire è controproducente, te lo assicuro. Un profilo ben compilato nei dati principali, succinto e sincero. Evita di scrivere frasi che giustificano la tua iscrizione al sito o la tua situazione di single: «In passato sono stato/a deluso/a dagli uomini o dalle donne e ora mi trovo qui...» oppure: «Dopo avere sofferto non credo più negli uomini o nelle donne». Per carità, simili emozioni negative scoraggiano e tendono a perpetuare la sensazione di delusione in coloro che la provano.

Scrivi sul tuo profilo belle frasi invitanti e sincere, fai una descrizione sincera di te, usa parole positive, caricale di gioia. Evita di scrivere un poema, descriviti in un modo che ti identifica e che senti tuo.

Quando hai preparato il tuo profilo osservalo da spettatore, rilassati e chiediti: mi rappresenta? Sono proprio io? Sono davvero io? Mi ci vedo? Mi ci sento in questo profilo? Se fosse il profilo di un'altra persona che sensazioni mi darebbe? Inutile apparire come Brad Pitt o Angelina Jolie se puoi quando ci si presenta di persona si è un po' diversi, servirebbe solo a fare una brutta figura. Amati e non nasconderti, questo è il motto vincente.

SEGRETO n. 34: il profilo vincente è quello che rappresenta te stesso così come sei, rappresentando la tua persona, la verità e l'essenza di come sei realmente.

Eppure molti usano il web per sognare, talvolta per ingannare se stessi o per giocare. Non importa sapere che l'oceano è pieno di pesci e il cielo è fitto di stelle. I pesci possono anche abboccare ma poi sfuggono a chi non è pronto a gustarli e a tenerli. Puoi vedere le stelle ma poi scompaiono al tuo sguardo. Per questo motivo è importante prepararti mentalmente e aprire il tuo cuore non solo all'incontro ma alla relazione desiderata. Quello che è importante è essere pronto/a a livello mentale ed emotivo a ricevere la persona giusta per te, il vero amore che desideri.

Esserti liberato/a dalla zavorra che forse ti teneva ancorato/a a terra, laddove non potevi decollare e far decollare il tuo sogno così come lo volevi tu. Essere pronto/a a dare l'amore ed essere pronto/a a ricevere l'amore. Ma tu non vuoi solo sognare, è vero? Tu sai che ora vuoi realizzare e vivere i tuoi sogni!

La comunicazione su Internet. Quali siti scegliere?
Talvolta gli incontri possono avvenire su siti che non sono necessariamente finalizzati all'incontro. Può sembrare un paradosso ma spesso l'incontro "naturale" è vincente rispetto a un incontro forzato. Possono funzionare molto bene i social network come <u>Facebook</u> per esempio, oppure social network a tema, (arte, cucina, vini, lettura, musica, cinema, teatro, fumetti, moto, uno sport o altre passioni), dove le persone unite da una stessa passione si trovano e hanno la possibilità di conoscersi.

Benissimo anche i forum con le tematiche che ti interessano, oppure i portali, per esempio <u>alFemminile</u> è un portale che affronta moltissime tematiche e nonostante il nome gli iscritti sono sia uomini che donne. Se scegli un sito specifico di incontri ricordati che Internet è un mezzo per conoscersi e non un luogo per nascondersi. Può sembrare strano ma spesso è ciò che avviene sui siti di incontri, per questo in molti di questi siti da un po' di tempo c'è l'obbligo di mettere la propria fotografia.

Non c'è niente di cui preoccuparsi. Utilizza Internet come se ti trovassi in un luogo "reale", come se fossi in un locale, in un bar, in un club sportivo, a casa d'amici, ai giardini pubblici ecc. Non pensare di essere in un'agenzia matrimoniale o in un club privè, liberati di tutti i pregiudizi in merito e apriti alle persone che in quel momento sono davanti al PC esattamente come lo sei tu. Non ci sono personaggi assurdi o strani dall'altra parte, ci sono persone normalissime, con il loro lavoro, i loro interessi, sono persone come te. Le stesse persone che potresti incontrare in qualsiasi altro luogo.

Pensa e crea la credenza che anche su Internet puoi conoscere una persona che sia valida per te. Abbi fiducia. Forse può confortarti il fatto che a molte persone è successo di incontrarsi in Internet, interagire e far nascere storie d'amore anche molto importanti, quindi questo può avvenire anche a te!

Come iniziare? Quali sono gli errori da evitare?
Se sei un uomo:
Dopo avere compilato il tuo profilo in modo invitante ma assolutamente sincero, con una bella foto chiara e solare, puoi iniziare a metterti in gioco.

Errori da non fare assolutamente:

- evita di mandare messaggi a tutte le donne che ti "ispirano" anche solo un po' sperando che forse fra le tante qualcuna ti risponda. Ricorda che non è il numero che conta ma la qualità dei contatti;
- evita di usare un nick incomprensibile o interamente numerico e di mettere come foto principale una parte del corpo. Questo se cerchi una relazione affettiva sincera e non solo avventure di sesso;
- evita di comunicare il tuo numero di cellulare nei primi messaggi o addirittura al primo messaggio senza averne parlato insieme prima. Le possibilità che possa suonare sono molto remote, mentre è molto facile non ricevere ulteriori risposte;
- evita di mandare molti messaggi alla stessa donna prima che ti abbia risposto. Potrebbe non essere online o magari sta leggendo altre email. Comunque se ha interesse per te ti risponde. Mandare tanti messaggi prima di ricevere risposta può rivelarsi controproducente;
- evita di chiedere a una donna di uscire al primo contatto, magari con la scusa che è il riscontro reale che conta. Le

donne su Internet ricevono moltissime email e hanno necessariamente bisogno di tempo per valutare se se la sentono. Quindi per te si rivela molto importante prima suscitare l'interesse della donna con la quale vorresti uscire. Diversamente sarebbe molto difficile che tu possa ottenere una risposta positiva;

- evita frasi irrispettose del genere: «Quando passi dalle mie parti fammelo sapere così beviamo un caffè e ci conosciamo». In questo modo dimostri che la sua importanza per te è "zero". E può essere normale perché non la conosci, ma facendo così non la conoscerai mai;
- evita di pensare che se una donna mostra una scollatura o un bel paio di gambe, o uno sguardo intrigante, o le labbra lucide sta per forza cercando avventure o amanti. Non è detto. Potrebbe essere così, ma molto spesso, molto più di quanto pensi, non sta cercando sesso fine a se stesso. Quelle sono le "tue" apparenze, non le "sue". La donna vive la sessualità in un modo diverso dall'uomo. Magari vuole cercare di piacere, attrarre, incuriosire, essere ammirata. Non dare mai niente per scontato;

- evita di usare il plurale: «Amo tutte le donne, vi amo tutte, vi bacio tutte». Utilizza il singolare. Anziché dire: «Nelle donne guardo le loro mani» è maggiormente indicato e più vantaggioso per te dire: «In una donna guardo le sue mani». Il plurale incute una cattiva impressione alla donna che sta leggendo. Puoi invece fare dei complimenti sinceri e non fuori luogo alla persona con la quale stai interagendo;
- evita frasi di chiusura come: «Non capisco le donne, le donne sono misteriose, non mi fido delle donne». Queste affermazioni negative creano barriere fra te e il mondo femminile. Fai in modo di essere aperto verso la donna e soprattutto fai in modo che lei percepisca la tua apertura;
- evita frasi affettuose affrettate come: «Vorrei baciarti, vorrei accarezzarti» prima di conoscervi o almeno prima di sapere se dall'altra parte c'è un reale interesse nei tuoi confronti. Rispetta i tempi della persona che hai di fronte e i suoi desideri. Prima fai in modo che lei si senta bene e completamente a suo agio nel suo dialogo con te.

Osserva bene i profili e quindi decidi di iniziare a presentarti. All'inizio le domande possono essere anche banali, ma non ha importanza, fai esattamente quello che faresti se fossi dal vivo, in un altro luogo, in una situazione diversa dal computer. Presentati sempre dicendo il tuo vero nome, con estrema naturalezza. È carino ed educato firmare i messaggi col proprio nome, almeno i primi. Eventualmente o successivamente di' la città o la zona dove abiti, sempre con discrezione ed educazione.

A questo punto a seconda dei vostri interessi potete iniziare a istaurare un dialogo piacevole, gradevole. Puoi chiederle di passare alla chat diretta ma se lei si rifiuta non insistere, e continua coi messaggi. Ti sembra bello ricevere un'imposizione da una persona che non conosciamo? Se accetta: benissimo, il dialogo diventa più immediato ed esclusivo. Fai in modo che la chiacchierata sia gradevole e divertente.

Ricorda sempre che l'altra persona vuole sentirsi bene, è la prima regola da tenere a mente. Solo quando hai suscitato il suo interesse attraverso una chiacchierata gradevole, dove l'hai sentita sufficientemente coinvolta, puoi passare alla possibilità di incontrarsi dal vivo. Magari per andare al cinema, o per un aperitivo, o un happy hour, o un gelato.

Se sei una donna:
Dopo avere compilato il tuo profilo in modo sincero, con una bella tua foto chiara e solare, puoi iniziare.

Errori da non fare assolutamente:
- evita di dare giudizi affrettati. Non puoi sapere chi c'è dall'altra parte, non precluderti una possibilità per un particolare che potrebbe essere di poco conto. Magari ha fatto una battuta che giudichi stupida o altro? Lascia perdere, smussa gli angoli e prova ad approfondire la conoscenza. Sappi che alcune persone hanno ancora difficoltà nel provare ad avere amicizie attraverso Internet;
- evita di mettere in black list o di cancellare un contatto per un particolare futile. Non puoi realmente sapere chi c'è dall'altra parte. Le persone non valgono una frase o un comportamento di un istante, può esserci molto di più dietro una banale apparenza momentanea;
- evita di rispondere facendo "copia-incolla". Non solo non è bello per l'altro, ma non è utile a te. Datti la possibilità di conoscere meglio le persone con le quali hai modo di interagire;

- evita di mettere foto molto audaci nella tua galleria se non stai cercando avventure o sesso. Non che ci sia niente di male nel cercare sesso, ma se stai cercando la persona giusta per te, per un rapporto duraturo, sono indicate foto solari, divertenti, intriganti senza essere erotiche. Questo solo per evitare gli inevitabili fraintendimenti. Anche se faresti sesso col "tuo amore" il messaggio percepito dagli uomini è molto diverso;
- evita frasi di chiusura come: «Non capisco gli uomini, gli uomini sono bugiardi, non mi fido degli uomini» ecc... queste affermazioni negative creano barriere fra te e il mondo maschile. Fai in modo di essere aperta verso l'uomo e soprattutto fai in modo che lui percepisca la tua apertura.

Apriti alle possibilità, quindi non chiuderti. Non precluderti la possibilità di approfondire la tua conoscenza con una persona che potrebbe essere valida per te a causa di un piccolo particolare. Dai a te stessa e agli uomini coi quali interagisci la possibilità. Le persone non sono la loro squadra di calcio preferita, il loro sport, il partito politico magari diverso dal tuo, lo sport estremo che magari non praticheresti mai. Dietro a queste particolarità c'è molto altro. Non prendere sul personale una frase detta in un messaggio Internet. Spesso gli uomini lanciano frasi ironiche o provocatorie e magari lo fanno semplicemente per nascondere la loro insicurezza iniziale, anche quando cercano di apparire come un "macho" davanti alla donna che hanno di fronte.

Spesso gli uomini possono avere la tendenza di accorciare i tempi rispetto a te, forse ti danno l'impressione di volere bruciare le tappe: evita di arrabbiarti se questo atteggiamento ti infastidisce. A parte per i casi eccezionalmente espliciti, se pensi di interagire con una persona interessante prendila sul ridere, mettila sul lato divertente. Evita di precluderti una buona occasione per un comportamento piuttosto classico e se discreto, comprensibile.

Durante i primi contatti puoi chiedere il suo vero nome se non è sul profilo e comunicare il tuo nome reale. È carino ed educato firmare i messaggi col proprio nome, almeno i primi. Inizia a istaurare un dialogo divertente, piacevole e interessante per entrambi. Fai in modo che la persona che stai conoscendo possa trovare piacevole dialogare con te, e quindi possa trovarti una persona interessante.

SEGRETO n. 35: lasciati andare con totale tranquillità e serenità alla possibilità di incontro. Vivi il momento dell'incontro in totale gioia, naturalezza e spontaneità.

RIEPILOGO DEL GIORNO 7:

- SEGRETO n. 31: vivi il "qui e ora", cerca di essere naturale e spensierato/a senza forzature o aspettative. È l'atteggiamento ideale per prepararsi all'incontro.
- SEGRETO n. 32: usa la fantasia e prova a frequentare luoghi inusuali per te o posti ai quali non avevi pensato prima per aprirti alle possibilità, alla scoperta e al nuovo.
- SEGRETO n. 33: se utilizzi il web per incontrare qualcuno è molto più efficace se sei sincero e se mantieni la tua identità in modo solare, naturale e spontaneo, come se fossi "dal vivo".
- SEGRETO n. 34: il profilo vincente è quello che rappresenta te stesso così come sei, rappresentando la tua persona, la verità e l'essenza di come sei tu realmente.
- SEGRETO n. 35: lasciati andare con totale tranquillità e serenità alla possibilità di incontro. Vivi il momento dell'incontro in totale gioia, naturalezza e spontaneità.

Conclusione

Se hai seguito fedelmente il percorso proposto, probabilmente sono trascorsi sette giorni dal momento in cui hai iniziato. Durante il nostro viaggio abbiamo affrontato sette tappe principali e alcune tappe intermedie. Durante il nostro percorso di cambiamento abbiamo esplorato i tuoi schemi mentali inconsci per cercare di sciogliere i blocchi interiori che ti impedivano di realizzare i tuoi desideri affettivi di relazione.

Abbiamo analizzato le tue programmazioni ricevute da bambino attraverso esperienze ed emozioni vissute nel tuo primo rapporto d'amore con tua madre e con tuo padre, per comprendere se ci sono state aspettative non risolte o situazioni che ti hanno creato stress, e come queste si ripetono inconsapevolmente nelle tue relazioni sentimentali presenti. E soprattutto, dopo esserne diventato/a consapevole, attraverso dei semplici esercizi scritti e pratici hai potuto provare a cambiare i tuoi schemi interiori che probabilmente bloccavano la tua felicità in campo affettivo e relazionale. Hai potuto analizzare com'è stato il rapporto tra i tuoi genitori e come lo hai vissuto tu quando eri piccolo/a.

Hai imparato quali sono gli schemi mentali non utili e gli schemi comporta-mentali limitanti. Hai potuto comprendere che è possibile cambiare la propria visione troppo generica sugli uomini o sulle donne e ampliarla in una nuova visione di accoglienza e accettazione.

E poi hai riscoperto che è possibile amare in un modo nuovo, lasciando andare il passato, amare senza giudizio e pregiudizio, senza rancore, lasciandoti andare completamente all'amore. Senza preconcetti, senza aspettative forzate, senza limitazioni, senza prevedere sempre tutto, senza avere controllo sull'altro. L'importante è che sia una gioia, un piacere e mai una forzatura.

Ti consiglio di rileggere questo ebook e magari di rifare gli esercizi successivamente, potrebbe emergere qualcosa di nuovo sul quale ora hai la possibilità di lavorare per ripulirti da tutto ciò che forse in passato aveva bloccato la sfera affettiva. Ora è arrivato il tuo momento. Sentiti pronto/a per il cambiamento. Le persone giuste per te esistono, e ce n'è una in particolare che come te è pronta per incontrarti.

È fondamentale che tu svolga gli esercizi per un certo periodo di tempo che va oltre la settimana proposta. Se desideri ottenere dei veri e propri risultati di cambiamento puoi dedicarti per dieci giorni ad ogni tematica affrontata nei sette capitoli. Ora ti stai forse chiedendo: «Ma devo proprio fare tutti gli esercizi? Anche quelli sulla mia famiglia di origine?» Dipende da quanto desideri che la tua vita cambi. Dipende da quanto desideri incontrare la persona giusta per te, il tuo vero amore.

È fondamentale fare un lavoro di scavo e quindi di pulizia per togliere tutti quegli schemi che limitano la tua vita affettiva. Se hai acquistato questo ebook significa che desideri migliorare le tue relazioni con il sesso che ti attrae, significa che desideri vivere l'amore con gioia e con passione. Vuoi amare ed essere amato. E questo è un tuo diritto di nascita. Ristrutturando le tue relazioni passate attraverso il perdono, ripulendo le tue credenze e le tue aspettative. Attraverso un desiderio sincero e profondo e un lavoro sodo puoi cambiare la tua vita sentimentale e puoi dare una svolta all'amore come lo desideri tu.

Con questo ebook ti offro gli strumenti, ora tocca a te usarli. Se hai fatto un buon lavoro ora attrarre il vero amore dipende soprattutto da te. L'importante è che tu abbia fiducia in te stesso/a, nell'amore e negli altri. Fiducia è ora la tua parola ed emozione "amica".

Non mi resta che augurarti di incontrare il vero amore, la persona dei tuoi sogni e tutta la felicità che meriti.

www.ingramcontent.com/pod-product-compliance
Lightning Source LLC
Chambersburg PA
CBHW050908160426
43194CB00011B/2331